Les enfants atteints de troubles multiples

Le guide complet pour les parents, les enseignants et les professionnels

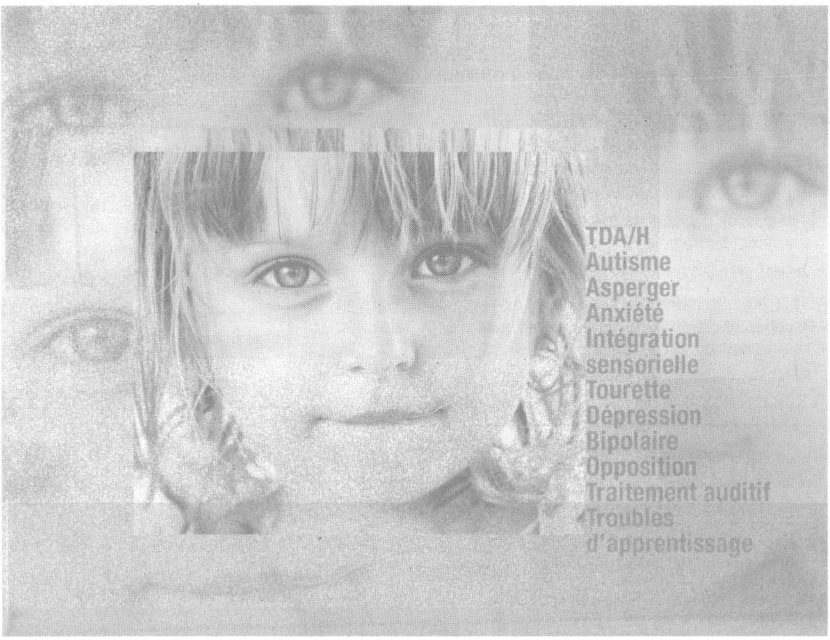

Dr Martin L. Kutscher

avec la collaboration de Tony Attwood, Ph.D., et du Dr Robert R. Wolff

Adaptation : Rebecca Maftoul, Isabelle Farley, Pascale Lemaire et Dr Evangelia Lila Amirali

Traduction : Marie-Claude Désorcy

CHENELIÈRE ÉDUCATION

Les enfants atteints de troubles multiples
Le guide complet pour les parents, les enseignants et les professionnels

Traduction et adaptation de : *Kids in the Syndrome Mix of ADHD, LD, Asperger's, Tourette's, Bipolar, and more!* de Martin L. Kutscher, avec la collaboration de Tony Attwood et Robert R. Wolff © Martin L. Kutscher [2005] and Chapter 6 copyright © Tony Attwood [2005] (ISBN 978-1-84310-811-5)

Édition: Robert Paré
Coordination: Marie-Ève Bergeron-Gaudin
Correction d'épreuves: Sarah Bernard
Conception graphique et infographie: Fenêtre sur cour
Conception de la couverture: Michel Bérard
Impression: Imprimeries Transcontinental

Catalogage avant publication de Bibliothèque et Archives nationales du Québec et Bibliothèque et Archives Canada

Kutscher, Martin L.

Les enfants atteints de troubles multiples : le guide complet pour les parents, les enseignants et les professionnels

Traduction de : Kids in the syndrome mix of ADHD, LD, Asperger's, Tourette's, bipolar, and more!.

ISBN 978-2-7650-2187-2

1. Comportement, Troubles du, chez l'enfant. 2. Enfants - Psychopathologie. 3. Enfants en difficulté d'apprentissage. 4. Neuropsychiatrie infantile. I. Attwood, Tony. II. Wolff, Robert R. III. Maftoul, Rebecca. IV. Titre.

RJ506.B44K8714 2008 618.92'89 C2008-942265-1

CHENELIÈRE
ÉDUCATION

7001, boul. Saint-Laurent
Montréal (Québec) Canada H2S 3E3
Téléphone : 514 273-1066
Télécopieur : 450 461-3834 / 1 888 460-3834
info@cheneliere.ca

ISBN 978-2-7650-2187-2

Dépôt légal : 1er trimestre 2009
Bibliothèque et Archives nationales du Québec
Bibliothèque et Archives Canada

Imprimé au Canada

1 2 3 4 5 ITM 12 11 10 09 08

Nous reconnaissons l'aide financière du gouvernement du Canada par l'entremise du Programme d'aide au développement de l'industrie de l'édition (PADIÉ) pour nos activités d'édition.

Gouvernement du Québec – Programme de crédit d'impôt pour l'édition de livres – Gestion SODEC.

Les adaptatrices

Rebecca Maftoul, orthophoniste;

Isabelle Farley, audiologiste;

Pascale Lemaire, ergothérapeute;

Evangelia Lila Amirali, médecin.

Dans cet ouvrage, le masculin est utilisé comme représentant des deux sexes, sans discrimination à l'égard des hommes et des femmes, et dans le seul but d'alléger le texte.

Au sujet des sites Internet proposés dans le présent ouvrage

Tous les sites Internet présentés sont étroitement liés au contenu abordé. Après la parution de l'ouvrage, il pourrait cependant arriver que l'adresse ou le contenu de certains de ces sites soient modifiés par leur propriétaire, ou encore par d'autres personnes.

À mon épouse,
dont le dévouement à notre famille
ne cesse de m'émerveiller.

À mes enfants,
dont l'existence est
en soi un miracle.

Aux mères de mes patients,
qui portent à leurs enfants
un amour inconditionnel.

Et, enfin, à mes patients,
qui n'ont pas choisi les problèmes
avec lesquels ils sont aux prises.

Table des matières

Chapitre 9

Les tics et le syndrome de Gilles de la Tourette

Chapitre 10

La dépression

Chapitre 11

Le trouble bipolaire

Chapitre 12

Le trouble oppositionnel avec provocation

Chapitre 13

Le trouble du traitement auditif

Introduction

Pourquoi ce livre ?

Les enfants atteints du trouble du déficit de l'attention/hyperactivité, de troubles d'apprentissage, de dépression ou de divers troubles concomitants ont besoin d'aide. Mais comment leur prêter main-forte ? Il y a beaucoup à apprendre au sujet de ce que j'appelle les « troubles multiples ».

Nous trouvons d'excellents ouvrages consacrés à chacun des troubles que je viens d'énumérer, et je vous incite à consulter l'annexe 3, « Références et ressources » (*page 202*). Néanmoins :

- Nous avons besoin de trouver dans un même ouvrage des explications sur tous ces problèmes, puisque la réalité veut qu'ils coexistent souvent chez le même enfant. La concomitance des difficultés constitue la norme et non l'exception.
- Quels sont les parents, les enseignants ou les thérapeutes qui ont le temps de lire un livre sur chacun de ces sujets ? Certains parents m'ont dit : « Si c'était assez calme chez nous pour que je trouve le temps de lire tous les livres que vous m'avez suggérés, je n'aurais pas besoin de les lire. » Les enseignants et les autres professionnels sont occupés aussi. (Je ne le sais que trop bien, car j'ai le bonheur d'être marié à une enseignante du secondaire.)
- Malgré leurs grandes qualités, les ouvrages consacrés à un seul sujet ont souvent comme inconvénient de présenter un excès de conseils, tant et si bien que le lecteur se décourage et n'en suit aucun.

L'objectif du présent ouvrage est donc de fournir l'information nécessaire sous une forme qui permette de :

- traiter de plusieurs troubles neuropsychiatriques en insistant sur leur tendance à coexister ;
- présenter l'essentiel de l'essentiel sur un ton réaliste mais jovial. J'explique les causes, les symptômes et le traitement de chaque problème. Un peu d'humour ici et là nous aidera à garder les choses en perspective ;

- fournir un nombre restreint de recommandations efficaces. La mise en œuvre de quelques-unes seulement de ces suggestions aura un effet notable. Mon intention n'est pas de transformer le lecteur en éducateur spécialisé ni en psychiatre.

À qui ce livre s'adresse-t-il ?

Ce livre est destiné :

- aux parents et aux autres membres de la famille ;
- aux enseignants ;
- aux spécialistes de l'apprentissage ;
- aux psychologues et aux médecins ;
- aux travailleurs sociaux et aux intervenants ;
- aux orthophonistes, aux ergothérapeutes et aux physiothérapeutes ;
- à toute personne qui côtoie un enfant atteint de troubles multiples.

Certains se demanderont comment un seul livre peut s'adresser à autant de gens. Mais ces gens ne font-ils pas partie de la même équipe ? N'ont-ils pas le même objectif, celui de venir en aide à l'enfant ? N'ont-ils pas tous besoin de comprendre ce qui se produit dans les diverses sphères de la vie de l'enfant, soit à la maison, à l'école et en thérapie ? Ne cherchent-ils pas à se renseigner sur les tenants et aboutissants des divers problèmes associés aux troubles multiples ? Enfin, n'ont-ils pas tous besoin de s'outiller en vue de faire et de communiquer des observations et des suggestions pertinentes ?

Comment consulter ce livre

Tout le monde devrait lire au moins les deux premiers chapitres. En effet, j'y expose les principes généraux de l'évaluation et de l'intervention qui s'appliquent à presque tous les troubles. En présentant ces principes dès le début, je m'évite de les répéter dans chaque chapitre.

Par la suite, vous pourrez lire seulement les chapitres qui répondent à vos besoins immédiats. Je souhaite que vous lisiez aussi la section consacrée aux symptômes dans chaque chapitre. Faute d'être renseignés sur toute l'étendue des troubles qui peuvent coexister, nous risquons d'accoler à tout le monde les quelques diagnostics que nous connaissons ou encore d'arrêter d'en rechercher d'autres.

Vous trouverez à la fin du livre un chapitre sur la médication (*page 181*), une liste de vérification du comportement (*page 197*) et une section « Références et ressources » (*page 202*). Certains chapitres renferment des liens vers mon site Web (www.PediatricNeurology.com), qui propose des simulations multimédias propres à enrichir le texte[1].

Je vous souhaite la meilleure des chances avec les enfants. Vous pouvez contribuer à l'amélioration de leur qualité de vie. Vous êtes très important pour eux.

1. Ce site est en anglais.

Chapitre 1

Lisez ce chapitre! Les principes généraux de l'évaluation

Martin L. Kutscher

> «Pourquoi lirais-je un chapitre sur l'évaluation et le diagnostic? Je ne suis pas médecin.»

Les «troubles multiples»

Prenez un enfant en chair et en os, un enfant qui a des émotions, des besoins et des espoirs. Ajoutez une double mesure de déficit de l'attention/hyperactivité (TDA/H), une pincée de syndrome de Gilles de la Tourette et une goutte de dysgraphie. Mélangez. Vous obtenez une forme possible des troubles multiples. Que vous soyez un enfant, un parent, un enseignant ou un autre professionnel, c'est la réalité avec laquelle vous devez composer.

De nombreux enfants n'ont pas un mais plusieurs problèmes, combinés de diverses façons. Les composants les plus courants des troubles multiples sont:

- le TDA/H;
- les troubles d'apprentissage;
- les troubles du spectre de l'autisme, dont le syndrome d'Asperger;
- les troubles de l'intégration sensorielle;

- l'anxiété et le trouble obsessionnel-compulsif;
- le syndrome de Gilles de la Tourette;
- la dépression;
- le trouble bipolaire;
- le trouble oppositionnel avec provocation;
- le trouble du traitement auditif.

Si un enfant présente n'importe lequel de ces troubles, il y a de fortes chances qu'il en manifeste un ou plusieurs autres.

Les problèmes présents chez un même enfant ont tendance non seulement à coexister, mais aussi à *s'influencer négativement.* Prenons par exemple le cas d'un enfant qui vient au monde avec un TDA/H et des troubles d'apprentissage. Sa courte durée d'attention lui rend l'apprentissage encore plus difficile en même temps que les troubles d'apprentissage font qu'il a du mal à se concentrer. L'association des troubles crée un cercle vicieux.

Par ailleurs, les problèmes peuvent *se ressembler.* Ainsi, un enfant qui ressasse constamment ses sujets d'anxiété peut paraître distrait, et sa distraction peut être confondue avec un TDA/H.

De plus, un enfant stressé se retrouve souvent dans un milieu familial ou scolaire où règne le stress. Certes, le stress du milieu peut avoir été causé par l'enfant, mais au bout du compte l'enfant doit composer avec des adultes stressés, soit la dernière chose dont il ait besoin!

Mentionnons enfin que de nombreux troubles neuropsychiatriques sont héréditaires. Voilà donc l'enfant entouré de parents (voire peut-être d'enseignants et de thérapeutes) eux-mêmes atteints de problèmes innés.

Chaque difficulté comporte une échelle de gravité. Nous devons pouvoir faire la distinction entre un «problème» (c'est-à-dire une situation qui a des conséquences importantes sur la qualité de vie d'un enfant et mérite une intervention en bonne et due forme) et une «bizarrerie» (c'est-à-dire une trait inhabituel ayant des conséquences moindres). Parfois, il peut être bénéfique de s'occuper d'une difficulté même si elle ne répond pas aux critères qui l'élèveraient au rang de «problème». Le Dr John Ratey, un éminent psychiatre, donne à ces difficultés mineures le nom de « syndromes fantômes » (Ratey et Johnson, 1998).

Si les parents et les enseignants ont parfois du mal à cerner *le* problème, c'est qu'il en existe généralement plusieurs et que chacun d'entre eux présente un degré propre de gravité.

Les premiers signes

Les psychologues, les orthophonistes, les ergothérapeutes, les neurologues et les psychiatres ne descendent pas dans la rue pour choisir au hasard des enfants à évaluer ! D'autres personnes leur envoient des enfants chez qui ils ont remarqué un problème. Ces gens viennent de la ligne de front : ce sont les éducateurs, c'est-à-dire les parents et les enseignants. Ils ne savent peut-être pas *quel* est le problème, mais ils sont les premiers à diagnostiquer qu'il en *existe* un. Qu'on le veuille ou non, le système entier repose sur ces personnes. Si vous êtes l'une de ces personnes, ce chapitre vous aidera à remplir le rôle que vous pouvez jouer.

On ne peut porter un diagnostic à partir d'un seul élément d'information. La prise de conscience se construit au fil du temps chez différents observateurs. Les doutes existent pendant quelques années, jusqu'à ce que quelqu'un ose dire : « Je crois qu'il y a un problème, quelque chose ne va pas. » Mais quelles sont donc les observations qui débouchent le plus souvent sur un diagnostic ?

Les observations des parents

Personne ne connaît mieux un enfant que ses parents. La mère, en particulier, commence souvent à se faire du souci (intérieurement ou ouvertement) bien avant les autres. Elle est bien placée pour voir et entendre toujours les mêmes choses. C'est souvent à elle que l'enfant se confie.

Si un parent détecte que quelque chose ne va pas, il a le plus souvent raison. Après tout, la plupart des parents ne s'amusent pas à « inventer » des problèmes à leur enfant. Connaissez-vous beaucoup de parents qui prendraient la peine de demander un rendez-vous à l'enseignant ou au médecin pour le simple plaisir de faire croire à la société que leur enfant ne s'épanouit pas ? Quand un parent s'inquiète, c'est généralement qu'il *existe* un problème. Cela ne signifie pas qu'il a bien déterminé de *quoi* il s'agit ou *qui* peut s'en occuper, mais tout simplement qu'il y a un problème.

Les observations des enseignants

Les enseignants sont d'une aide inestimable pour ce qui est de détecter les difficultés d'un enfant, et ce, pour plusieurs raisons:

- Ils passent beaucoup de temps avec l'enfant, se classant à ce point de vue au deuxième rang après les parents.
- Ils ont côtoyé une foule d'autres enfants au cours de leur carrière, ce qui leur permet d'avoir une bonne idée du comportement attendu à un âge donné.
- Ils dirigent la classe. Ils peuvent donc repérer l'enfant qui est différent des autres.
- Les commentaires inscrits au bulletin scolaire présentent généralement une certaine uniformité d'une année à l'autre. Cette tendance prouve que la difficulté appartient à l'enfant et non à la relation entre cet enfant et un enseignant en particulier.

Si nous souhaitons déceler les doutes d'un enseignant, cependant, nous devons garder à l'esprit qu'ils sont souvent masqués par des commentaires favorables. L'enseignant s'efforce de rester constructif, surtout s'il perçoit l'enfant comme gentil, mignon, astucieux ou travailleur. Il écrira par exemple: «Julie fait de l'excellent travail quand elle s'y met!» En surface, il s'agit là d'un commentaire positif sur l'intelligence de Julie. Entre les lignes, cependant, nous décodons que Julie n'est pas toujours à son affaire.

En plus des commentaires écrits, les listes de vérification peuvent nous être utiles. Tout le monde peut utiliser la liste de vérification du comportement présentée à l'annexe 1 (*page 197*). Les psychoéducateurs, les psychologues et les médecins peuvent vous fournir une échelle d'évaluation rapide du même type pour ce qui est du dépistage du TDA/H.

Voici donc quelques messages aux enseignants:

- Bien qu'il n'incombe pas aux enseignants de poser un diagnostic précis, leur opinion est cruciale. Le diagnostic des problèmes d'ordre scolaire repose sur leur rétroaction.

- Les commentaires écrits détaillés laissent transparaître des observations et fournissent au médecin des renseignements objectifs. Ces commentaires peuvent s'accompagner de listes de vérification à cocher.
- Si un enseignant détecte un problème, c'est généralement qu'il en existe un. Nous ne pouvons cependant exiger de lui qu'il en discerne la véritable *cause* sous-jacente.
- Les enseignants peuvent demander conseil à d'autres professionnels de l'éducation (psychologues, psychoéducateurs, etc.) avant de lancer aux parents l'idée de consulter un médecin.

Les pièges à éviter

Si vous vous surprenez à prononcer une des phrases suivantes, prenez garde. Vous êtes peut-être en train de mal interpréter les comportements de l'enfant.

- « Il est paresseux. » Vous remarquerez que le mot *paresse* ne fait pas partie de la liste des diagnostics possibles, que ce soit dans le présent ouvrage ou dans d'autres. Je n'ai jamais connu d'enfant qui se lève le matin en se disant : « Hum… Je me demande ce que je devrais faire aujourd'hui. Dois-je faire de mon mieux, avoir de bonnes notes et récolter des félicitations, ou bâcler volontairement mon travail et écoper d'une punition ? Le deuxième choix me semble plus amusant ! » Il est vrai qu'un enfant dont les troubles sont restés sans diagnostic a pu recevoir tellement de rétroactions négatives au cours de son primaire qu'il ait capitulé en entrant au secondaire. L'analyse des antécédents d'une personne révèle généralement qu'elle débordait d'énergie pendant son enfance. Quelque part en chemin, elle a appris à baisser les bras.
- « Il est désorganisé. Il s'en fout, c'est évident. » Comme nous le verrons plus loin, la désorganisation constitue une importante composante du TDA/H et du trouble des fonctions exécutives.
- « Elle travaille seulement quand ça l'intéresse. » Qui que nous soyons, nous travaillons mieux quand la tâche nous intéresse. La question à se poser est : « Qu'est-ce qui l'empêche complètement de travailler quand la tâche n'est pas absolument captivante ? »
- « Elle serait meilleure si elle démontrait simplement plus d'intérêt. » Faux. C'est probablement le contraire qu'on devrait dire :

« Elle démontrerait plus d'intérêt si elle était meilleure. » Une enfant qui a de la difficulté à lire cherche à éviter de lire. Je doute fort qu'une enfant se dise : « Je vais éviter de lire jusqu'à ce que je devienne vraiment nulle en lecture. »

- « Il est inconstant. Je l'ai déjà vu réussir cette tâche. » Ce n'est pas parce qu'il est arrivé à un enfant de faire quelque chose correctement qu'il faut lui en tenir rigueur toute sa vie !
- « Elle ne pense qu'à ses relations sociales. » Nous avons tendance à qualifier les garçons d'« actifs » et les filles de « sociables ». Certes, la sociabilité peut être bénéfique au développement. Mais quel est le vrai problème ici ? Est-ce que la petite fille en question a véritablement plus d'intérêt pour ce que sa copine a mangé au déjeuner que pour son travail scolaire ? Le TDA/H type inattention prédominante est plus difficile à diagnostiquer (surtout chez les filles), mais est tout aussi réel que le TDA/H type hyperactivité-impulsivité prédominante.
- « Je ne sais pas, moi, s'il y a un problème. Je suis seulement un enseignant/un parent. » Nous l'avons dit, personne n'est mieux placé que l'enseignant ou le parent pour repérer un problème chez un enfant.

L'évaluation systématique

Les tests psychoéducatifs

Si le besoin d'une intervention systématique se fait sentir, l'enfant peut un jour ou l'autre faire l'objet d'une évaluation psychoéducative. Cette forme d'évaluation se compose d'un ensemble de tests :

- des tests psychologiques (pour déterminer le *potentiel* de l'enfant) tels que le WISC-R (Wechsler Intelligence Scale for Children – Revised), communément appelé « test de QI » (quotient intellectuel) ;
- des tests de connaissances (pour déterminer le *rendement scolaire* de l'enfant), tel que le WIAT (Wechsler Individual Achievement Test).

Le rapport que rédige l'évaluateur comprend habituellement une explication des tests et de leur fonction. Une évaluation multidisciplinaire complète, par ailleurs, comprend les rapports d'un orthophoniste, d'un ergothérapeute (en ce qui a trait à la motricité fine, à l'écriture et à l'intégration sensorielle), d'un physiothérapeute (pour la motricité globale), d'un travailleur social, ainsi que d'un neurologue ou d'un psychiatre. La demande d'évaluation peut être faite auprès de la commission scolaire par un parent ou un enseignant, et la séance d'évaluation se tient généralement dans des délais raisonnables.

L'évaluation médicale

Que se passe-t-il quand un enfant est dirigé vers un médecin à des fins de diagnostic ? Il ne se produit pas grand-chose qui nous permette de faire des observations que les parents et les enseignants n'ont pas faites eux-mêmes au fil des années. De fait, le cabinet du médecin n'est pas l'endroit rêvé pour observer le comportement naturel d'un enfant. Prenons l'exemple d'un enfant qui se présente chez un médecin pour une évaluation du TDA/H. Ce trouble se traite notamment au moyen de séances structurées de thérapie individuelle au cours desquelles on présente fréquemment à l'enfant de nouveaux stimuli. C'est exactement ce en quoi consiste une visite chez le médecin. Par conséquent, il est difficile de diagnostiquer le TDA/H alors même que l'enfant se trouve dans un environnement thérapeutique, d'où la confusion qui amène trop souvent de nombreux professionnels à affirmer : « Je ne vois pas de problème chez votre enfant. » En outre, les problèmes comme le manque de prévoyance et d'organisation ne se détectent que dans le laboratoire de la vraie vie, au fil des mois. Seuls les éducateurs sont en mesure de faire de telles observations à long terme, à l'extérieur du bureau du médecin.

Que font donc les médecins chevronnés ? Ils s'appuient non seulement sur leurs propres observations, mais aussi sur celles des gens qui s'occupent de l'enfant dans la vraie vie, c'est-à-dire les parents et les enseignants. Autrement dit, les médecins parlent aux enfants, bien entendu, mais pour l'essentiel ils discutent avec les parents, lisent les rapports des enseignants et prennent connaissance des résultats des tests. Ils tentent de dégager des tendances à partir des observations glanées au cours des ans, puis de formuler un ou plusieurs diagnostics. Si les antécédents médicaux et neurologiques ainsi que l'examen physique le justifient, ils demandent parfois des analyses sanguines, des électroencéphalogrammes, etc.

Le choix des mesures appropriées

Une fois les données récoltées, les enseignants, les autres intervenants scolaires, les gestionnaires et les parents se réunissent enfin. L'équipe ainsi formée vise à conclure une entente quant au diagnostic et aux traitements appropriés.

Les lois et règlements relatifs aux mesures appropriées varient selon les pays et les régions. C'est pourquoi je vous invite à discuter de la marche à suivre avec les autorités scolaires de votre région.

Voilà pour les démarches officielles. Pour ma part, je me suis donné pour objectif ici de traiter des mesures que dicte le gros bon sens, des mesures que peut mettre en œuvre un enseignant ou une direction d'école ayant un minimum de bonne volonté. Du reste, plusieurs de ces mesures pourraient être utiles à tous les élèves et pas seulement à ceux qui ont des besoins particuliers : informer les enseignants sur le diagnostic de l'enfant, s'assurer que l'enfant comprend vraiment les consignes, lui assigner une place stratégique dans la classe, etc.

Résumé

Pour aider chaque enfant à réaliser son plein potentiel, parents, enseignants, intervenants et gestionnaires scolaires doivent faire preuve de coopération et de respect. Les parents et les enseignants détectent généralement avec compétence l'existence d'un *problème quelconque*. Pour déterminer la *nature* du problème, le diagnosticien s'appuie sur les observations des gens qui consacrent une grande partie de leur temps aux enfants. Il peut être difficile de dépister les troubles multiples, car ceux-ci peuvent se ressembler ou s'influencer négativement.

Chapitre 2

Lisez ce chapitre ! Les principes généraux de l'intervention

Martin L. Kutscher

> « Pourquoi lirais-je un chapitre sur l'intervention ? Aux dernières nouvelles, je n'étais pas intervenant ! »

Vous voilà responsable d'un enfant ayant des besoins particuliers. Si vous cherchez à maximiser son potentiel (tout en préservant votre santé mentale), vous devrez adopter un certain nombre d'attitudes et de stratégies.

Les conseils généraux qui suivent valent pour la plupart des enfants atteints d'un des troubles ou des syndromes dont il est question dans ce livre. Vous n'avez pas besoin d'avoir une classification ou un diagnostic officiels pour les mettre en œuvre. Vous trouverez dans les chapitres subséquents des conseils relatifs à chacun des troubles en particulier.

Adopter la bonne attitude

L'enseignant peut faire toute la différence. Ne sous-estimez pas le rôle que vous jouez dans la réussite d'un enfant. Je ne saurais vous dire combien de parents et d'élèves ayant des besoins particuliers m'ont dit : « Certaines années scolaires ont été fantastiques et d'autres, complètement catastrophiques. » Et quand je demande pourquoi, la réponse est presque toujours : « Les bonnes années, il sentait que son enseignant le comprenait et l'encourageait. Les années catastrophes, ça ne cliquait pas avec l'enseignant et tout allait mal alors. »

Ne surestimez pas votre part de responsabilité dans les échecs de l'enfant. Il existe peut-être des variables sur lesquelles vous n'avez aucune influence, comme des facteurs de stress scolaire, personnel ou familial, ou encore des médicaments qui n'ont pas l'effet escompté. Faites de votre mieux, réévaluez votre stratégie auprès des parents et des intervenants spécialisés, puis tenez bon. En dépit d'efforts acharnés de la part des enseignants, des parents et même de l'enfant, certains problèmes ne disparaissent pas complètement, à tout le moins au cours d'une seule année scolaire. Parfois, il n'existe que des stratégies compensatoires pour un certain temps.

Rappelez-vous la phrase suivante : « Ce que j'aime le plus en toi, c'est que tu m'aimes. » Cette réplique de Ziggy, un personnage de bande dessinée, s'applique à une foule de relations humaines, mais elle revêt une importance particulière pour les enfants sur qui tout le monde s'acharne, même leur propre cerveau.

Ne considérez pas les comportements difficiles comme des affronts personnels. « Pourquoi ne peut-il pas être comme les autres ? » Si vous vous êtes déjà posé la question, voici la réponse : parce qu'il ne peut pas. Ça n'a rien de personnel. Vous êtes là, tout simplement, dans la même pièce que lui. N'oubliez jamais qu'il existe un enfant en chair et en os en dessous de tous ces problèmes.

Il peut aussi être utile de se rappeler que la personne qui souffre le plus des comportements difficiles est généralement l'enfant lui-même. Il se tire dans le pied aussi souvent qu'il agace tout le monde. Existe-t-il meilleure preuve que ses problèmes ne dépendent pas de sa volonté ?

Adoptez une « approche handicap ». Votre enfant n'est pas ordinaire. Vous pouvez considérer sa situation comme une caractéristique unique et merveilleuse ou encore comme un handicap. Ou même comme les deux à la fois. Chose certaine, oubliez le concept d'ordinaire.

Le psychologue Russel Barkley, un chef de file du domaine du trouble du déficit de l'attention/hyperactivité (TDA/H), incite les éducateurs à adopter une « approche handicap » (Barkley, 2000). Cela n'est pas aussi agréable que de simplement considérer l'enfant comme une personne unique dotée de traits particuliers. Cependant, cela a au moins le mérite d'amener les éducateurs à se percevoir réellement comme les intervenants de l'enfant et non comme ses victimes.

Il peut être pénible d'accepter certains des troubles de l'enfant comme des handicaps. En effet :

- La plupart des troubles ne se manifestent pas par des signes physiques évidents.
- Contrairement à ce qui se produit en présence d'un handicap physique visible (comme la cécité ou la déficience motrice cérébrale), les manifestations des handicaps neurocomportementaux sont souvent dirigées contre l'éducateur. Un enfant non entendant, par exemple, éprouve des difficultés, mais il n'attaque personne. Ses problèmes éveillent en nous un instinct altruiste. L'enfant qui a un problème de comportement, toutefois, peut s'opposer de manière plus ou moins marquée à une personne qui essaie simplement de l'aider. Bref, il semble souvent qu'un tel enfant ne s'y prenne pas de manière appropriée pour demander de l'aide. Pas étonnant que ses handicaps soient plus difficiles que les autres à accepter.
- Le fait d'accepter qu'il puisse exister des causes physiologiques aux comportements difficiles contredit des convictions bien enracinées dans notre société. La mentalité occidentale veut en effet que l'on obéisse à notre « personnalité », à notre « volonté » ou à notre « âme ». Nous avons du mal à accepter que ces aspects de nous-mêmes soient si fortement influencés par les neurotransmetteurs. Cependant, rappelez-vous que le cerveau humain n'est rien de plus, sur le plan physique, qu'une soupe de produits chimiques qui se fait des idées de grandeur.

Tant que l'on ne reconnaîtra pas les troubles et les syndromes comme de véritables handicaps, nous continuerons à les balayer sous le tapis et à reprocher aux personnes atteintes de ne pas se prendre en main. Cette attitude impose un lourd fardeau à la personne ayant des besoins particuliers. L'auteure et éducatrice Liane Holliday Willey sait de quoi il en retourne, puisqu'elle est elle-même atteinte du syndrome d'Asperger. « On me faisait croire, écrit-elle, que nos luttes intérieures étaient comme de la ouate que nous pourrions enlever et jeter au loin, si seulement nous faisions l'effort» (2008, p. 89).

Réduisez les frustrations en regardant d'un œil réaliste l'enfant que vous côtoyez chaque jour. Arrêtez-vous à intervalles réguliers et prenez le temps de vous demander qui fait son apparition dans votre vie chaque jour. Tel est votre point de départ. Un enfant pas comme les autres. Voilà la personne que vous rencontrerez probablement aujourd'hui. Une fois que les parents et les enseignants acceptent ce point de départ (et je peux vous assurer que l'enfant n'en a pas plus envie qu'eux), il leur est plus facile de ne pas en faire une affaire personnelle. Leur colère s'atténue, puisque la colère naît d'une divergence entre les attentes et la réalité. Ils jouent avec les cartes qui leur ont été distribuées, un point c'est tout. Nous avons tout avantage à considérer l'enfant ayant des besoins particuliers comme une «œuvre en cours d'élaboration».

Surmontez votre peur de dorloter l'enfant. Les parents et les enseignants craignent souvent de ne pas agir adéquatement en ayant un excès de sollicitude. Jusqu'à quel point faut-il aider l'enfant? Où s'arrête le rôle de l'éducateur et où commence celui de l'enfant? La mère d'un enfant atteint du TDA/H a un jour employé l'analogie suivante pour m'exprimer sa confusion: «Suis-je censée récolter la nourriture, la préparer, la mastiquer et l'avaler à sa place?»

Bien entendu, il faut encourager les enfants à s'acquitter eux-mêmes de toutes les tâches qu'ils sont capables d'accomplir. S'ils y parviennent, tant mieux. Sinon, nous devons nous en mêler. Malheureusement, l'approche du «ça passe ou ça casse» fonctionne rarement auprès des enfants atteints de troubles multiples. S'ils ne réussissent pas une tâche maintenant... ils ne la réussissent pas maintenant, point final. Nous n'oserions pas nous adresser comme suit à un enfant dyslexique: «On a déjà vu les voyelles hier. Alors, tu les répètes aujourd'hui, sinon c'est zéro.» De même, gronder un enfant atteint du syndrome d'Asperger parce qu'il refait aujourd'hui la gaffe qu'il a commise hier n'est ni utile ni efficace. Si le syndrome d'Asperger est un handicap, nous n'allons pas y remédier dans la journée.

Ne craignez pas de rendre la vie de l'enfant trop facile. Même avec notre aide, il aura d'innombrables occasions de s'exercer à tolérer l'échec, la frustration, la critique et la souffrance. Nous devrions justement souhaiter que nos interventions soient utiles au point de lui rendre la vie plus facile qu'aux autres.

Tendez un filet de sécurité. Procédons par analogie. Un trapéziste qui apprend un nouveau numéro s'exerce au-dessus d'un filet de sécurité. Un gymnaste qui répète un enchaînement à la barre fixe travaille sous l'œil de son entraîneur. Personne ne craint que ces mesures de sécurité n'entravent l'apprentissage ou n'incitent l'athlète à prendre sa tâche à la légère. Sans filet de sécurité, la conséquence d'une prise manquée n'est ni proportionnelle à l'erreur ni instructive. Le même raisonnement nous pousse à aider certains adolescents à remplir leur formulaire de demande d'admission à l'université. Un problème de désorganisation ne mérite pas une punition aussi sévère qu'un avenir professionnel bousillé.

Soyez le filet de sécurité ou l'entraîneur de l'enfant ayant des besoins particuliers. S'il fait les choses comme il faut, il n'aura pas besoin de vous et votre présence à ses côtés n'aura pas nui. S'il échoue, vous serez là pour amortir sa chute et vous assurer que la conséquence est proportionnelle à l'erreur.

La communication entre les parents et l'enseignant est la clé du succès. Parents et enseignants doivent communiquer pour fournir à l'enfant le filet de sécurité approprié. Utilisez le téléphone, le courrier électronique, les cartes postales, ce que vous voudrez, mais gardez le contact ! Si vous attendez le bulletin de fin d'étape, il sera trop tard pour aider votre enfant à se sortir de l'ornière.

N'exigez pas d'un enfant ayant des besoins particuliers qu'il fournisse une information fiable !

Si ça marche, continuez. Sinon, faites autre chose. C'est du boulot, mais vous allez vous en sortir. Vous n'avez pas le choix ! En revanche, n'allez pas espérer que tous les problèmes se règlent du jour au lendemain. Un bon nombre des enfants atteints de troubles multiples travailleront à leurs problèmes une grande partie de leur vie.

Pardonnez-vous ! Russel Barkley exhorte ses lecteurs à se pardonner tous les soirs leur imperfection (Barkley, 2000, p. 153). Chaque soir, passez en revue le déroulement de la journée et demandez-vous ce que vous pourriez améliorer. Puis rappelez-vous que vous êtes humain et pardonnez-vous les erreurs passées. Cette remarque vaut pour les parents, les enfants et les enseignants.

Relisez périodiquement ce livre et ceux que je vous suggère. Vous allez certainement oublier ce que je suis en train de vous dire. De plus, vous aurez vraisemblablement besoin d'appliquer de nouveaux principes aux différents stades de l'évolution de l'enfant.

Comprendre la façon de penser de l'enfant

Documentez-vous sur les problèmes de l'enfant. À mesure que vous vous informerez sur les difficultés de l'enfant, vous gagnerez en assurance et vous vous sentirez moins menacé. De plus, vous apprendrez probablement que plusieurs des comportements difficiles de votre enfant constituent en réalité des éléments du diagnostic sous-jacent. Si, par exemple, vous reprochez à un enfant atteint du syndrome d'Asperger de vouloir tout gérer à sa manière, vous découvrirez que sa rigidité est inhérente au syndrome.

Puisque vous lisez ces lignes, vous avez déjà bien commencé votre démarche d'aide. Vous trouverez par ailleurs des suggestions de lecture à l'annexe 3 (*page 202*). Que vous soyez enseignant ou parent, lisez aussi la documentation que vous fournissent les intervenants spécialisés.

Cherchez à comprendre. Posez-vous la question : « Pourquoi a-t-il fait ça ? » Il y a toujours une raison, même si elle n'est ni rationnelle ni productive à long terme. Maxime, par exemple, s'agite chaque fois que les notions de mathématique deviennent difficiles. À long terme, il s'agit d'une mauvaise stratégie. Dans l'immédiat, cependant, le fait d'être envoyé au bureau de la directrice chasse le malaise associé au sentiment d'incompétence. Il arrive souvent que les comportements s'expliquent quand nous nous rappelons que l'enfant est à ce point submergé par les stimuli qu'il vit presque exclusivement dans l'instant présent, sans pouvoir anticiper.

Il n'y a pas deux cerveaux pareils. Un enfant ayant des besoins particuliers ne voit pas nécessairement le monde comme nous le voyons. Ses aptitudes et sa capacité d'adaptation peuvent varier. Ses comportements nous paraissent le plus souvent bizarres, différents, voire inexplicables. Et nous voyons juste. C'est ce qui fait qu'on lui a diagnostiqué un problème.

Mais que voit donc le cerveau de l'enfant ? Bien qu'à tâtons, nous pouvons pénétrer dans son esprit simplement en prêtant attention à ses réactions et en les légitimant. Malheureusement, il nous arrive souvent de leur retirer toute pertinence en les qualifiant d'excessives.

Il n'y a pas de réactions excessives, il n'y a que des sentiments excessivement intenses. Quand un enfant explose à la suite d'une situation qui nous semble anodine, rappelons-nous que, dans son esprit, cette situation a certainement une importance colossale. L'enfant ne joue pas la comédie. Nous aurions tout avantage à nous dire ceci : « Si cela a autant d'importance pour lui, nous devrions en discuter calmement ! »

Bref, nous devons d'abord chercher à comprendre, puis planifier une réaction.

On n'est témoin que d'une partie de la vie de l'enfant. Qui sait ce qu'un enfant a vécu le matin ou la veille au moment où il entre en classe ? Le simple fait de se réveiller et de s'habiller a peut-être provoqué des conflits majeurs. Les devoirs ont pu engendrer des heures de frustration pour la maisonnée entière. Et quand l'enfant rentre à la maison, ses parents doivent garder à l'esprit qu'il a pu passer des moments particulièrement pénibles à l'école.

Rappelez-vous que certains comportements difficiles de l'enfant ou de l'adolescent sont tout simplement normaux. Nous avons tôt fait d'associer tous les moments difficiles que nous vivons avec l'enfant à un quelconque « trouble ». N'oubliez pas, cependant, que la vie avec n'importe quel enfant est rarement un long fleuve tranquille. Toutes les familles du quartier et tous les enseignants de l'école ont aussi leurs problèmes. C'est réconfortant de savoir qu'on n'est pas seul.

Même les préadolescents et les adolescents typiques traversent une période au cours de laquelle leur respect de l'autorité des adultes est mitigé. L'expérience nous enseigne que l'enfant qui se situe dans la norme pense à peu près comme suit :

- jusqu'à l'âge de 10 ans : « Maman (ou le prof) sait tout » ;
- vers l'âge de 10 ans : « Maman ne connaît rien à rien » ;
- à la sortie de l'université : « Maman a appris pas mal de choses et a parfois d'intéressants avis à donner. »

Comment modifier le comportement de l'enfant

Deux grandes règles président à la modification du comportement de l'enfant :

1. Rester positif.
2. Rester calme.

Est-ce assez simple ?

Première règle : rester positif

Cherchez le plaisir. Visez l'agrément et non la frustration. Appréciez l'humour de l'enfant, sa créativité, sa passion, voire ses caractères particuliers. Compte tenu de tous les problèmes de l'enfant, il est parfois difficile de trouver matière à éloges. Cherchez un accomplissement à louanger, une activité à faire ensemble. Surprenez-le en train de faire quelque chose de bien. Riez ensemble. Laissez l'enfant être utile et serviable. Montrez-lui que vous croyez en lui malgré ses difficultés. Liane Holliday Willey s'exprime comme suit dans son autobiographie : « Les gens qui ont prouvé qu'ils seront à mes côtés quoi que je dise, pense ou fasse, m'ont fait un cadeau bien plus beau qu'ils ne le pensent » (2008, p. 56).

Recourez au renforcement positif le plus souvent possible. Au lieu de punir un mauvais comportement, nous devrions récompenser le bon comportement que nous souhaitons observer à la place (Barkley, 2000, p. 148). Supposons par exemple que vous tentiez de corriger le comportement agressif d'un enfant envers sa sœur. Votre objectif est qu'il soit gentil avec elle. Alors, plutôt que de le punir quand il lui crie des injures, récompensez-le chaque fois qu'il lui fait une remarque gentille. Les récompenses doivent être immédiates, fréquentes, appréciables, clairement définies et conséquentes.

Les jeunes enfants réagissent souvent de manière favorable aux tableaux d'autocollants ou aux systèmes de jetons. Nous pouvons considérer ces stratégies comme des éléments du « plan A » mis au point par Ross Greene en vue d'une modification du comportement (1999). Selon Greene, les critères justifiant l'adoption d'un système de modification du comportement ou de récompenses sont les suivants :

- Le comportement à changer doit justifier l'effort consenti à cette fin.
- L'enfant doit avoir la capacité de maîtriser le comportement de façon constante.
- La récompense ou la punition doit être susceptible de donner des résultats (la punition, par exemple, a peu de chances de corriger la distraction).
- Les personnes censées garder la tête froide doivent être capables de s'en tenir au plan.
- Le problème doit appartenir à l'enfant.

Rappelez-vous les points suivants lorsque vous instituerez un système de jetons ou de récompenses :

- L'enfant présentant des besoins particuliers a besoin de rétroactions et de récompenses fréquentes, fortes et immédiates.
- Il faut réviser succinctement et immédiatement les règles avant de les invoquer.
- La plupart des gens sont attirés par les stimuli les plus attrayants. Les systèmes de récompenses tablent sur cette caractéristique en créant une « carotte » qui oriente l'enfant dans la direction désirée.
- « Mais est-ce que les récompenses ne poussent pas l'enfant à faire les choses pour les mauvaises raisons ? » Oui. Mais l'enfant a déjà démontré qu'il ne répondait pas aux « bonnes » raisons. L'attrait des « bonnes » raisons a déjà échoué lorsque s'imposent des incitations supplémentaires.
- Il faut varier fréquemment les récompenses pour en conserver l'efficacité.
- Les incitations peuvent être aussi simples que : « On travaille d'abord ; après, on jouera » ou « Si tu agaces ta sœur seulement deux fois cette semaine, tu auras ton argent de poche. »

De nombreux auteurs ont décrit les systèmes de jetons ou de récompenses, dont Larry Silver et Russel Barkley. Un système de jetons consiste à gagner des points pour un comportement approprié (et à en perdre pour un comportement indésirable) puis à les échanger contre un quelconque privilège. Dans la pratique, ce système présente des difficultés de mise en œuvre et est surtout efficace auprès des élèves du primaire. Demandez plus de détails au psychologue ou au psychoéducateur scolaire à ce sujet.

Les punitions ne corrigent pas l'attitude. Les menaces peuvent entraîner une modification du comportement, mais elles ne motivent pas l'enfant à adopter une bonne attitude. Seules les récompenses (intrinsèques ou extrinsèques) engendrent une amélioration du comportement.

N'entrez pas dans le cercle vicieux du ressentiment. Le ressentiment engendre le ressentiment. L'anecdote qui suit vous dira peut-être quelque chose :

> Sébastien est impoli envers sa mère. Celle-ci reste calme. Sébastien remet ça. Cette fois, sa mère riposte. Le lendemain, la mère est encore en colère. Elle entre dans la chambre de Sébastien et lui dit : « Tu ne peux pas régler toi-même ton réveille-matin ? Il faut encore que je te réveille après toutes tes insultes d'hier ? » Sébastien, ébahi, lance des jurons à sa mère. Il se rend à l'école, agit (encore) de manière irrespectueuse et entre en conflit avec l'enseignante que l'altercation de la veille a laissée à cran.

Bienvenue dans le cercle vicieux du ressentiment !

Si vous êtes en train de lire ce chapitre, c'est peut-être que le cercle vicieux du ressentiment tourne à plein régime depuis un certain temps chez vous. Chaque « camp » (celui de l'enfant et celui de l'éducateur) possède contre l'autre un chapelet de récriminations fondées. Or, le cercle vicieux ne mène nulle part. Tout le monde s'entend sur ce point. Quelqu'un doit s'échapper le premier de la machine infernale. Et ce ne sera pas l'enfant dysfonctionnel. La tâche revient donc à l'adulte. À vous. Mais n'espérez ni gratitude ni résultat immédiat.

Voici quelques stratégies qui vous aideront à résister à l'envie de redémarrer le cercle vicieux. Soyez prévenu : toutes sont plus faciles à expliquer qu'à mettre en pratique...

Ne jouez pas au policier ! Imaginez que vous exécutez un virage interdit et qu'un policier vous arrête. Il s'approche de votre voiture, vous tend la contravention et commence à vous insulter : « Votre sécurité et celle des autres, vous vous en foutez ? Vous vous foutez de tout ? Vous êtes nul. Et puis, votre voiture est dégueulasse. Ce serait trop difficile de la laver ? » Que penseriez-vous de ce policier ? Ça vous dirait de prendre votre repas du soir avec lui ? Auriez-vous envie de lui faire un gros câlin avant de vous mettre au lit ? Auriez-vous hâte de le revoir à l'école demain matin ? Morale de cette histoire : donnez la punition, mais laissez tomber le mépris. En fait de désagrément, la punition suffit. Le mépris ne fait que nourrir le ressentiment.

Évitez les quatre écueils signalés par Phelan (1994, p. 39) :

- Évitez d'agacer l'enfant. Cela ne donne rien. Si vous n'avez rien d'agréable à dire, gardez le silence. Une phrase aussi banale que « Comment a été ta journée ? » peut causer de la frustration à l'enfant.

- Ne sermonnez pas. Ce n'est pas efficace non plus. Qui plus est, l'expérience paraîtra interminable à l'enfant atteint du TDA/H dont la perception de la durée est altérée. Donnez plutôt une ou deux consignes claires et brèves. Comme le dit Phelan, il est peu probable que la transmission de vos pensées à l'enfant donne des résultats.

- Ne débattez pas. Il faut être deux pour s'opposer. Il n'y a pas de dispute possible sans votre consentement.

- Ne donnez pas de « conseils » spontanés et hors de propos. Quelles sont les probabilités pour que votre adolescent accepte de déposer la manette de son Nintendo pour discuter paisiblement avec vous du travail de recherche qu'il doit remettre le mois prochain ?

Ces quatre écueils à éviter, Phelan les appelle les « quatre péchés capitaux ». Ce sont des stratégies inefficaces, voire nuisibles. Alors, pourquoi y recourir ? Devant une situation problématique, vous avez deux choix : ou bien vous déterminez que les choses empirent mais pas au point de d'intervenir de façon importante (autrement dit, vous restez calme), ou bien vous prenez rendez-vous avec l'enfant afin d'en discuter.

Désamorcez les conflits en appliquant le principe du « sans égard à la faute ». Chris Zeigler Dendy conseille fort à propos de faire respecter les règles selon le principe du « sans égard à la faute » (1995). En d'autres termes, évitez les confrontations fondées sur la recherche du coupable. Occupez-vous seulement du résultat final. Dans la scène suivante, l'adolescent a droit de sortie jusqu'à 22 h, mais rentre à 22 h 45 :

> Adolescent : Désolé, m'man. Patrick me ramenait en voiture, mais il a dû faire le plein. Maryse avait mal au ventre et il a fallu la déposer chez elle. Puis, Patrick s'est rappelé qu'il devait acheter du lait pour son petit frère. Je n'ai pas pu t'appeler parce que la pile de mon cellulaire était morte. Désolé de rentrer en retard.

Que répondre à cette kyrielle de bonnes excuses ? Rien. Procédez plutôt comme suit :

> Mère : Je suis désolée aussi. Je suis désolée de ta malchance. Je suis désolée que tu écopes de la punition dont nous avons convenu pour les retards. Je ne te reproche rien, mais les règles sont les règles.

Les raisons pour lesquelles un adolescent rentre plus tard que prévu importent peu. Il rentre en retard, il en subit la conséquence et, à présent, il faut élaborer un plan pour éviter que la situation se reproduise. La discussion stérile est tuée dans l'œuf.

L'approche se révèle particulièrement utile en présence de personnes qui mettent leurs problèmes sur le dos des autres. Il ne leur servira à rien de vous faire des reproches si la recherche du coupable n'a aucune importance. Court-on le risque d'être injuste à l'occasion ? Oui. À long terme, cependant, les confrontations diminuent et tout le monde y trouve son compte.

Cette stratégie nous permet par ailleurs d'éviter de critiquer directement l'enfant. Nous punissons le comportement final et le résultat final. Nous ne critiquons pas directement l'enfant. Après tout, nous ne faisons porter le blâme à personne, pas vrai ? Nous en revenons finalement au vieux précepte qui dicte de critiquer le comportement et non l'enfant. Un autre moyen de rester positif.

Ménagez votre capital relationnel. Songez à votre relation avec l'enfant comme à un compte en banque. Vous faites des dépôts (les bons moments) et des retraits (les mauvais moments). Votre objectif est de conserver un solde positif. Acceptez le meilleur comme vous le faites du pire. Quand votre fille sera enfin prête à vous faire des excuses, à discuter ou à se blottir contre vous, saisissez la balle au bond. Votre relation a besoin de bons moments. Profitez-en quand ils passent. Autrement, il ne vous restera que les mauvais.

Au début de chaque interaction, posez-vous la question suivante: « Est-ce que mon prochain commentaire ou ma prochaine action va pousser mon solde bancaire vers le négatif ou le positif? Suis-je sur le point de réintégrer le cercle vicieux du ressentiment? »

Fournissez de l'aide aux moments opportuns. Les enfants ayant des difficultés particulières ont besoin de recevoir du soutien dans l'immédiat et non une rétroaction négative lorsqu'il est déjà trop tard. Force nous est d'admettre, malheureusement, que les conséquences négatives ne suffisent habituellement pas à inculquer les comportements désirés aux enfants atteints de handicaps. En règle générale, ces enfants savent quoi faire. Ils n'arrivent tout simplement pas à exécuter le plan qui les mènerait au résultat escompté. Ainsi, ils savent pertinemment qu'ils doivent se préparer à leurs cours. Ils savent pertinemment qu'ils n'iront pas au collégial s'ils ne font pas leurs devoirs. Pourtant, ils n'y arrivent pas. Punir ces enfants reviendrait à gronder un élève dyslexique qui a confondu un « b » et un « d ». Notons que la Charte des droits et libertés de la personne stipule que « toute personne a droit à la reconnaissance et à l'exercice, en pleine légalité, des droits et libertés de la personne, sans distinction, exclusion ou préférence fondée sur [...] le handicap [...]. Il y a discrimination lorsqu'une telle distinction, exclusion ou préférence a pour effet de détruire ou de compromettre ce droit » (art. 10).

Une fois que nous avons compris que la punition a peu d'efficacité, nous sommes en mesure de soulager un enfant de son handicap en l'encadrant au moment où il en a besoin et non en persistant à nous ébahir qu'il se soit encore trompé. Nous nous étonnons qu'un enfant s'entête à employer sans cesse les mêmes stratégies infructueuses. Mais à nous, combien de temps faudra-t-il pour admettre que nous nous acharnons à utiliser les mêmes stratégies perdantes à son égard?

Donner une punition n'est pas l'occasion d'accabler votre enfant, mais d'améliorer sa prise de décision. À quoi sert une punition? À moins que vous ne soyez sadique, vous ne visez ni à vous venger de l'enfant, ni à l'écraser. L'objet d'une punition consiste à corriger les comportements futurs. Une punition bénigne et immédiate est aussi sinon plus efficace qu'une punition prolongée. La spirale des punitions de sévérité croissante a peu de chances de donner des résultats; elle ne fait qu'entraîner tout un chacun dans une longue période de frustration. Lisez le scénario suivant:

Père: Si tu ne fais pas d'excuses immédiatement, pas de télé ce soir.

Jérémie garde le silence.

Père: Très bien. Si tu ne fais pas d'excuses dans les 10 prochaines secondes, pas de télé de tout le week-end.

Jérémie reste muet. Bientôt, la période sans télé passe à un mois. Jérémie ne fait toujours pas d'excuses, pique une colère noire et tout le monde a les nerfs en boule.

Vingt-neuf jours sans télé se sont écoulés. Toute la famille a passé un mois lamentable.

Jérémie: Papa, est-ce que tu te rappelles pourquoi je suis puni?

Père: Je n'en ai pas la moindre idée.

La sévérité de la punition a de beaucoup dépassé son utilité, n'est-ce pas? Si vous devez sévir, rappelez-vous que la punition doit être immédiate et raisonnable.

Il ne suffit pas toujours de rester positif. Si la situation se détériore, vous devez vous en remettre à la deuxième règle: rester calme.

Deuxième règle: rester calme

Éteignez les feux au lieu de les attiser. Un enfant ayant des besoins particuliers n'a pas la vie facile. Pour juguler ses réactions excessives, il faut désamorcer les situations et non les envenimer. Ce principe vaut quel que soit le trouble dont l'enfant est atteint, qu'il s'agisse du TDA/H, du trouble oppositionnel avec provocation, du trouble bipolaire ou du trouble anxieux. En fait, le principe s'applique à presque toutes les interactions humaines.

Lorsque les tempéraments s'échauffent ou que l'anxiété grimpe, laissez à tout le monde, vous y compris, la chance de retrouver son sang-froid. Une discussion sérieuse ne peut prendre place que dans le calme. N'oubliez pas que c'est la perte de maîtrise de l'enfant et non sa méchanceté qui engendre les comportements négatifs. Avec les enfants que Ross Greene (1999) qualifie d'explosifs, la première étape consiste simplement à ARRÊTER.

La plupart des enfants qui se situent dans la norme réagissent favorablement aux incitations habituelles et aux menaces de punition. Si vous lisez ces lignes, c'est que votre enfant n'est probablement pas un de ceux-là. Notre objectif premier est de prévenir les crises. Nous devons anticiper les embûches et tenter de les contourner. Nous devons nous arrêter, rester calmes et négocier (longtemps à l'avance si possible).

Voici en quoi consiste la technique de désamorçage que Ross Greene (1999) appelle le « plan B » :

Évitez les confrontations AVANT qu'elles commencent. Quand les choses commencent à mal tourner, réorientez l'interaction dans un sens constructif au lieu de critiquer le comportement indésirable. Si, par exemple, l'enfant se chamaille avec un de ses pairs, proposez une nouvelle activité, comme une collation, au lieu d'imposer une punition.

Choisissez vos batailles. La bataille qui s'annonce vaut-elle la peine d'hypothéquer votre relation avec l'enfant ? Vous n'êtes pas en guerre. Qu'aimeriez-vous que votre enfant dise de vous quand il prononcera votre éloge funèbre ? C'est ce que le psychologue Steven Covey (1989) conseille aux parents de garder à l'esprit. Si vous êtes enseignant, demandez-vous quel souvenir vous aimeriez laisser à l'enfant de son année scolaire.

Annoncez les transitions. Les transitions sont problématiques pour un grand nombre d'enfants ayant des besoins particuliers. Expliquez-leur à l'avance les événements à venir. Ne ménagez pas les avertissements. Demandez à l'enfant de répéter ce qu'il vient d'accepter. Certains enfants ont besoin de négocier toujours un peu plus. Un petit effort de patience de votre part peut vous aider à éviter une crise inutile.

Gardez l'œil sur l'indicateur de stress. Procédons encore par analogie et comparons l'enfant (ou vous-même) à une voiture munie d'un indicateur de stress. Quand cet indicateur atteint les 100 kilomètres à l'heure, les roues arrière commencent à déraper et l'accident devient inévitable. Tenter d'intervenir pendant le dérapage ne sert qu'à prolonger le blocage du système. L'essentiel, par conséquent, est d'empêcher tout le monde d'atteindre les 100 kilomètres à l'heure. Imaginons donc que vous entrez en scène au moment où l'indicateur de stress de l'enfant marque 60 kilomètres à l'heure. Le caractère anxiogène de la situation commence à affecter l'enfant. Or, vous riez, vous faites diversion, vous négociez, qu'importe, et l'indicateur de stress redescend à 50 kilomètres à l'heure. Fantastique ! Vous êtes sur la bonne voie. Le lendemain, cependant, la même intervention pousse l'indicateur de stress de l'enfant vers les 80 kilomètres à l'heure. Mettez les freins ! Vous frôlez les 100 kilomètres à l'heure et un terrible dérapage que vous ne pourrez stopper. ARRÊTEZ et faites demi-tour.

Ce n'est pas le moment de céder à la tentation d'aller jusqu'au bout de l'affaire. Vous possédez peut-être le sang-froid nécessaire, mais l'enfant dont vous vous occupez, lui, ne l'a pas. Ne présupposez pas qu'il pourra le supporter parce que vous, vous le pouvez. Tous les cerveaux ont les mêmes droits, mais pas la même configuration.

Le secret est d'ARRÊTER, pour l'enfant dépassé comme pour vous. On ne saurait sous-estimer le pouvoir d'un simple arrêt :

- Ça marche ! La plupart des gens n'ont besoin que de 5 ou 10 minutes pour retrouver leur sang-froid et leur capacité de penser clairement. Ces quelques minutes consacrées à la prévention valent sûrement mieux qu'une crise longue et stérile.
- Le temps aidant, la plupart des gens parviennent d'eux-mêmes à la conclusion appropriée et s'y rangent.
- Une fois que vous serez calmé, la méthode appropriée de gestion du comportement vous paraîtra évidente : rester positif, discuter en vue de comprendre la situation et de faire participer l'enfant au processus de résolution de problème, choisir une punition productive, etc. Quand nous sommes calmes, ces approches n'ont rien de sorcier et s'imposent d'elles-mêmes. Mais nous n'y avons pas accès quand nous sommes nous-mêmes dépassés.

Ajouter encore au stress de l'enfant ne donne rien et est en fait contreproductif. L'enfant est déjà dépassé. Il est déjà submergé d'information et de stimuli. Un surcroît de stress mettrait le feu aux poudres et, au bout du compte, empêcherait l'enfant d'atteindre son objectif, qui consiste à retrouver son sang-froid afin que son cerveau puisse prendre la bonne décision.

« Mais que faire s'il ne s'arrête pas ? » Encouragez l'enfant à se conformer au système en lui expliquant d'avance qu'un moment de répit n'est pas une punition. Ce n'est pas le bon vieux temps d'arrêt à caractère punitif, qui vaut surtout pour les enfants du préscolaire et du primaire. Lors d'un moment de répit, l'enfant passe à une activité agréable mais apaisante. Vous aurez peut-être besoin vous-même d'une activité apaisante. De toute manière, rappelez-vous qu'il faut être deux pour se battre. Faites demi-tour.

Le moment de répit passé, énoncez la règle une fois et retirez-vous. Déclarer un moment de répit n'équivaut pas à déclarer un gagnant. Vous n'êtes pas en train de capituler. Énoncez calmement la règle ou l'action à accomplir puis mettez fin à la discussion. Revenez plus tard, quand tout le monde aura la tête froide.

Restez calme. Je répète : restez calme. Une fois calmé, vous devrez dans certains cas négocier. Négocier, négocier, négocier. Les éducateurs doivent donner l'exemple de la négociation, pas de l'inflexibilité. Qu'y a-t-il de mal à enseigner à un enfant à rechercher des solutions gagnant-gagnant ? Ne craignez pas de perdre le contrôle : c'est toujours l'adulte qui décide du compromis à accepter.

Dans une classe, une telle intervention devrait avoir lieu en privé. C'est toujours l'enseignant qui choisit le moment où la discussion se termine ou qui décide d'envoyer l'élève au bureau de la direction.

Le plan B en classe

Il faut souhaiter que ces techniques ne s'imposent pas trop souvent en classe. L'enseignant pourra y recourir dans les rares situations où il n'a pas d'autre choix. Ce n'est pas de gaieté de cœur qu'un enseignant accepte de donner aux autres élèves l'impression qu'un de leurs pairs s'en tire à bon compte. Leur imposer le spectacle d'une autre crise improductive ne vaut pas mieux, cependant, si nous tenons à leur donner des exemples d'interactions constructives. Si la situation est déjà devenue « publique », l'adulte doit préciser à l'intention de tous les témoins que personne ne « s'en tire ». Il y aura une discussion et une conséquence, même si la discussion se tiendra plus tard et entre quatre yeux. Nous cherchons à donner l'exemple d'interactions humaines pacifiques et constructives.

Test rapide sur la colère

Le petit test qui suit vise à éprouver et à enrichir vos connaissances sur la colère. Les questions se rapportent au cas vécu suivant :

> Un garçon de 13 ans atteint du TDA/H s'aperçoit que son appareil orthodontique ne se trouve pas dans son étui. Il se met en colère et accuse tout le monde de l'avoir pris. Sa mère lui explique que personne, mais vraiment personne, n'a envie de s'approprier son appareil. Le garçon persiste à crier et à blâmer sa mère.

1. Cet enfant intelligent manifeste un comportement accusateur parce que :
   a) il n'est pas tout à fait assez intelligent pour comprendre que personne ne peut avoir envie de voler son appareil ;
   b) il est submergé par la frustration.
2. Le fait de crier à votre tour et de reprocher à votre enfant son comportement horrible le pousserait à :
   a) vous remercier de lui avoir montré son erreur ;
   b) se sentir encore plus dépassé.
3. Vous aidez en vain l'enfant à chercher l'appareil. La réaction appropriée à ce stade consiste à :
   a) amorcer avec l'enfant une escalade de cris et de reproches ;
   b) ARRÊTER, faire demi-tour, retrouver votre sang-froid, résister à l'envie d'avoir le dernier mot et reprendre la discussion lorsque tout le monde sera calmé.
4. Ce type de comportement explosif et agressant associé au TDA/H est :
   a) un signe de la méchanceté et de l'égoïsme de l'enfant ;
   b) une réaction fréquente de l'enfant dépassé.
5. Votre objectif d'éducateur consiste à :
   a) exacerber la frustration de l'enfant et saper la relation ;
   b) vous considérer comme un thérapeute, enseigner à l'enfant à ARRÊTER et désamorcer la situation.
6. Dans le feu de l'action, vous auriez agi de la bonne façon.
   a) Vrai la plupart du temps.
   b) Faux la plupart du temps.

Réponses : b) à toutes les questions.

Chapitre 3

Le trouble du déficit de l'attention/hyperactivité (TDA/H)

Martin L. Kutscher

« Bon, d'accord, Olivier a un TDA/H. Ça explique qu'il manque d'attention et qu'il remue autant. Mais il y a encore bien des choses que je ne comprends pas à son sujet. Pourquoi est-il si désorganisé ? Pourquoi ne note-t-il pas ses devoirs ? Pourquoi les punitions n'ont-elles aucun effet sur lui ? Pourquoi ne voit-il pas les conséquences de ses actions ? Pourquoi sa mère dit-elle que l'heure des devoirs est un vrai cauchemar ? Est-ce que c'est vrai qu'il pique des colères noires à la maison ? »

La mère d'Olivier aussi a un TDA/H. Pour décrire son quotidien chaotique, elle a un jour lancé à la blague : « Combien j'aimerais avoir un trouble obsessionnel-compulsif ! Au moins, je serais plus organisée. » Elle ne plaisantait qu'à demi.

Qu'est-ce que le TDA/H ?

Une définition « officielle » et très incomplète

L'American Psychiatric Association énonce les critères diagnostiques « officiels » de nombreux troubles mentaux dans son fameux *Manuel diagnostique et statistique des troubles mentaux,* 4e édition, communément appelé DSM-IV (1994). Selon cet ouvrage, la personne atteinte du TDA/H présente soit un déficit de l'attention, soit une hyperactivité et une impulsivité, ou les deux.

Les symptômes du TDA/H, type inattention prédominante

L'**inattention** et la **distractivité** constituent un symptôme fondamental du TDA/H. La personne est incapable de résister aux distractions et de demeurer concentrée sur sa tâche. Elle ne semble ni écouter ni prêter attention. Elle peut commettre fréquemment des fautes.

Le **manque d'organisation** est une autre manifestation aussi importante du problème. La personne a de la difficulté à organiser, à accomplir ou à terminer ses tâches. Elle peut être distraite, avoir des oublis fréquents ou égarer souvent les objets.

Les symptômes du TDA/H, type hyperactivité-impulsivité prédominante

L'**hyperactivité** se présente comme de l'agitation ou une loquacité excessive. L'enfant peut courir, grimper, se tortiller sur son siège ou ne pas tenir en place. Il peut aussi avoir de la difficulté à jouer calmement.

L'**impulsivité** fait que l'enfant se précipite pour répondre aux questions, a du mal à attendre son tour, impose sa présence ou interrompt les gens.

Selon le DSM-IV, les symptômes doivent apparaître avant l'âge de sept ans et nuire au fonctionnement dans au moins deux environnements (la maison, l'école, les loisirs, etc.).

En fonction de ces critères, le DSM-IV définit trois sous-types de TDA/H :

- le type inattention prédominante ;
- le type hyperactivité-impulsivité prédominante (forme rare) ;
- le type mixte (le plus courant).

Dans la terminologie actuelle, on portera un diagnostic de TDA/H même si l'enfant n'a pas d'hyperactivité. Le terme TDA n'apparaît plus dans la nomenclature officielle du DSM-IV.

Notez que la désorganisation fait partie intégrante de la définition du TDA/H. Autrement dit, il n'y a pas de TDA/H possible sans désorganisation. (Sauf, exceptionnellement, en présence d'anxiété face à l'avenir.)

Une définition plus commode du TDA/H

Un trouble de l'inhibition

En règle générale, un enfant atteint du TDA/H peut rester concentré pendant des heures sur un jeu vidéo. Tout va bien tant qu'il peut poursuivre une activité qui lui plaît. Les choses se gâtent quand il doit prêter attention à une activité moins captivante (comme une multiplication) en présence de stimuli qui l'interpellent (comme les oiseaux qu'il voit par la fenêtre). Il doit alors bloquer les « distractions ».

Ces observations ont poussé Russel Barkley (1998, 2000) et d'autres chercheurs à définir le TDA/H comme un trouble de l'inhibition et non de la durée d'attention à proprement parler. L'enfant (et l'adulte) atteint du TDA/H ne possède pour ainsi dire aucun « bouclier ». Il est :

- incapable de bloquer les distractions ➤ il est inattentif ;
- incapable de bloquer ses pensées ➤ il est impulsif ;
- incapable de bloquer les actions que lui dictent ses distractions et ses pensées ➤ il est hyperactif.

Le bouclier en question réside dans les lobes frontaux et préfrontaux, la partie du cerveau située juste derrière le front. Ce centre inhibiteur nous évite d'être inondés par l'information sensorielle. Il nous fournit le petit délai au cours duquel nous pouvons réfléchir aux choix possibles avant de réagir. Contrairement à la plupart des autres organismes complexes, l'être humain a la possibilité de moduler ses réactions. Dans le TDA/H, cependant, les lobes frontaux et préfrontaux remplissent mal leur fonction.

Le fait de considérer le TDA/H comme un trouble de l'inhibition a donc un double mérite : celui d'expliquer les symptômes classiques du trouble et celui d'éclairer les déficits des fonctions exécutives qui l'accompagnent habituellement.

Les fonctions exécutives

Que sont les fonctions exécutives ? Nos lobes frontaux et préfrontaux forment en quelque sorte notre comité exécutif. Ils tiennent compte de l'endroit d'où nous venons, décident de l'endroit où nous voulons aller et planifient les ordres à nous donner afin que nous nous y rendions. Bref, les fonctions exécutives sont les aptitudes nécessaires à l'élaboration et à l'exécution d'un plan. Jadis, on appelait cela la sagesse. Selon Barkley (2000), les fonctions exécutives sont:

- La capacité d'inhibition. Les lacunes de la capacité d'inhibition entraînent les symptômes classiques du TDA/H de même que l'incapacité de refréner le comportement assez longtemps pour que les autres fonctions exécutives se développent adéquatement.
- La mémoire de travail. La mémoire de travail comprend la myriade de données que notre cerveau peut traiter simultanément: ce qui se produit en ce moment, notre objectif pour demain, nos stratégies infructueuses d'hier, etc. Notre mémoire de travail peut se comparer à la mémoire vive d'un ordinateur (1 gigaoctet environ) et notre mémoire à long terme, à la mémoire morte (les 100 gigaoctets du disque dur).
- L'anticipation des événements. Il s'agit peut-être de la fonction exécutive la plus précieuse. C'est notre capacité de prévoir nos besoins futurs et les conséquences de nos actions. Le manque de prévoyance est l'une des principales caractéristiques du TDA/H. Pour les personnes atteintes, il n'y a ni passé ni avenir; il n'y a que le moment présent. De fait, Barkley définit le TDA/H comme l'incapacité d'inhiber le présent en vue de l'avenir. Les personnes atteintes du TDA/H ne se moquent pas de l'avenir. Pour elles, en ce moment, l'avenir n'existe tout simplement pas.
- La rétrospection. Nous pouvons expliquer la rétrospection comme la capacité de conserver dans notre mémoire de travail le taux de succès de nos stratégies passées. Sans la rétrospection, nous sommes condamnés à refaire sans cesse les mêmes erreurs.
- L'organisation (la planification). Les problèmes d'organisation sont presque inévitables avec le TDA/H. Étant donné les critères diagnostiques du trouble, il est presque impossible de porter un diagnostic de TDA/H si la personne ne présente aucune désorganisation. Les difficultés apparaissent au premier cycle du primaire et se corsent au deuxième cycle. À ce stade, en effet, l'unique enseignant de l'enfant (qui lui sert de mère de 8 h à 15 h) est remplacé par une équipe d'enseignants. Le supplément d'aide dont l'enfant a besoin pour s'organiser lui est retiré juste au moment où il en le plus besoin, en vertu du vieux principe du «ça passe ou ça casse». (Sans aide à l'organisation, ça «casse» la plupart du temps.)

- Le discours intérieur. Le discours intérieur est notre capacité de nous parler à nous-mêmes, le mécanisme grâce auquel nous réfléchissons à nos choix à l'aide de mots. Audible chez le petit enfant (qui se parle à haute voix), le processus s'intériorise peu à peu et devient automatique. Chez les personnes atteintes du TDA/H, cependant, les réactions ne sont pas restées inhibées assez longtemps pour que cette aptitude se développe pleinement. Beaucoup d'entre elles ne font pas des choix conscients et logiques : elles se limitent à réagir.
- La notion du temps. La notion du temps est très déficiente chez les personnes atteintes du TDA/H. À leurs yeux, le temps passe trop l-e-n-t-e-m-e-n-t ou trop vite. Nous ne percevons pas tous le temps de la même façon.
- La capacité de passer d'une activité à une autre. Passer d'une activité à une autre est une tâche ardue qui nécessite de bonnes fonctions exécutives. S'arracher à une activité pour en entreprendre une autre (autrement dit, faire une transition) est difficile en soi et nécessite effort et maîtrise.
- La capacité de distinguer une émotion d'un fait. Tout fait, tout événement possède une signification objective. Notre cerveau lui accole en plus une signification subjective et affective. Un embouteillage, par exemple, comporte une signification objective, soit un retard de 20 minutes. Les significations affectives que le cerveau lui appose, elles, varient considérablement. Certaines personnes y trouvent l'occasion de relaxer, tandis que d'autres y voient une nouvelle épreuve à traverser. Sans le délai nécessaire pour en juger, nous ne pouvons faire la distinction entre faits et émotions. Par conséquent, nous ne pouvons pas non plus mesurer l'importance des événements que nous vivons.

Les symptômes du TDA/H et du trouble des fonctions exécutives dans la vraie vie

À présent que nous avons expliqué les caractéristiques du trouble des fonctions exécutives, voyons comment elles se présentent dans la vraie vie. Vous allez voir qu'il ne s'agit pas seulement de problèmes occasionnels, mais bien de symptômes qui compliquent vraiment la vie (demandez à un enseignant, à un parent ou à un enfant aux prises avec ces manifestations) et qui font souvent partie intégrante du trouble que nous appelons TDA/H.

L'enfant manque d'anticipation. « Sébastien, tu n'iras jamais au collège si tu passes ton temps à regarder par la fenêtre. Tu ne comprends pas que tu devrais commencer ta recherche immédiatement ? Et pourquoi tu ne m'as pas dit que tu avais besoin d'une reliure pour demain ? » La prévoyance compte parmi les principales aptitudes adaptatives de l'être humain, et son absence peut être la composante la plus nuisible du TDA/H. Les enseignants et les mères (souvent dotés d'une prévoyance extrême) se désolent de voir l'enfant se lancer jour après jour sur des chemins qui ne débouchent nulle part. L'enfant atteint du TDA/H a en effet le plus grand mal à anticiper ses besoins.

L'enfant brûle les ponts devant lui. « Sébastien, tu me cries après toute la journée, puis tu t'attends à ce que je te dépose à ta leçon de karaté ? » Beaucoup de gens brûlent les ponts derrière eux. Ça n'est pas génial, mais c'est malheureusement assez répandu. Les personnes atteintes du trouble des fonctions exécutives, elles, brûlent les ponts devant elles avant même de se rendre compte qu'elles vont en avoir besoin.

L'enfant est incapable de faire un retour sur ses actions ou d'apprendre de ses erreurs. « Sébastien, combien de fois faudra-t-il que tu sois puni pour la même erreur ? Je pourrais te donner un zéro un million de fois, tu ne changerais pas ton comportement ! » Incapable d'inhiber les stimuli présents, Sébastien ne peut s'arrêter pour apprendre les leçons du passé.

L'enfant vit à la merci du moment. « Sébastien est toujours absorbé par ce qui lui arrive dans l'instant présent. On dirait un papillon de nuit qui se précipite sur la lumière la plus brillante. » Les comportements associés au TDA/H deviennent intelligibles une fois que l'on comprend que la personne atteinte ne tient compte que du moment présent. Répétons-le : Sébastien ne se moque pas de l'avenir car, pour lui, l'avenir et le passé n'existent même pas.

Si vous cherchez à comprendre les actions d'un enfant atteint du TDA/H, imaginez que vous n'avez plus que quatre secondes à vivre et demandez-vous quel comportement vous paraîtrait approprié. Vous voulez une autre analogie ? Imaginez que vous êtes à la pêche et que votre barque descend lentement le courant de la rivière. Vous êtes si absorbé que vous ne voyez pas s'approcher le précipice. Vous ne vous « foutez » pas de tomber : vous ne pensez même pas que cela pourrait vous arriver. L'avenir n'apparaît pas sur votre écran radar. Examinez la figure 3.1.

Figure 3.1 Sébastien est tout heureux de pêcher. Ramener le poisson sollicite toute son attention.

L'enfant s'organise mal. « Sébastien, tu te rappelles que tu as un travail à remettre demain ? » « Pourquoi ne viens-tu pas me voir après les cours afin que je signe ton carnet de devoirs ? » « Pourquoi tu ne m'as pas remis ton devoir ? Ta mère m'a pourtant appelée pour me dire que tu l'avais fait ! Ça te passe par-dessus la tête ? »

L'enfant n'a pas la notion du temps. « Sébastien, qu'est-ce que tu as fait tout l'après-midi ? Tu ne peux pas consacrer deux heures au premier exercice ! Tu vas arriver en retard à ton match de basket-ball. »

L'enfant trouve le temps long. « C'est interminable ! »

L'enfant ne peut recourir au discours intérieur pour résoudre un problème. « À quoi pensais-tu, Sébastien ? Y as-tu déjà réfléchi ? »

L'enfant a peu conscience de lui-même. Sébastien répondrait probablement comme suit à la dernière question : « Je n'en ai pas la moindre idée. Je suppose que je ne pensais pas. »

L'enfant ne décode pas les signaux sociaux. « Sébastien, tu es tellement maladroit ! Tu ne vois pas que les autres enfants te trouvent bizarre ? »

L'enfant est incapable d'intérioriser et de généraliser les règles. « Sébastien, pourquoi dois-je te rappeler constamment que la lecture vient après les devoirs ? Et quand je te demande de mettre de l'ordre sur ta table de travail, tu ne penserais pas à faire aussi du rangement dans ton bureau à l'école ? »

L'enfant est inconstant dans son travail et ses actions. « Sébastien, tu as réussi hier, alors pourquoi est-ce si pénible aujourd'hui ? » Un enfant atteint du TDA/H doit consacrer 100 % de son énergie à exécuter une tâche qui ne demande aux autres que 50 % de leur attention. Qui peut fournir sans cesse un effort maximal ? Qu'un enfant atteint du TDA/H réussisse une tâche par deux fois ne veut pas dire qu'il réussira les prochaines fois.

L'enfant tolère mal les transitions. « Sébastien, pourquoi me crier des injures ? Je ne fais que te demander de passer à table ! »

L'enfant présente parfois un excès d'attention. « Sébastien est incapable de décoller de l'ordinateur. »

L'enfant tolère mal la frustration. « Sébastien, laisse-moi au moins t'aider à faire ça ! »

L'enfant est fréquemment dépassé. « Arrête, s'il te plaît ! Je n'en peux plus. Arrête. S'il te plaît ! » Pour avoir une idée du déluge de sensations qui submerge l'enfant atteint du TDA/H, écoutez l'extrait sonore dans le site www.pediatricneurology.com/sound.htm.

D'autres symptômes peuvent apparaître chez l'enfant plus âgé (et à la maison).

La personne se met en colère fréquemment et rapidement. « Sébastien, pourquoi tu te fâches autant contre tes amis ? Faut-il toujours que tout le monde fasse à ta tête ? »

La personne repousse les gens dont elle a le plus besoin. « Maman, arrête de vérifier mon carnet de devoirs. Va-t'en ! »

La personne est « hyper-réactive ». « Maman, tu sais que je déteste la glace sur le gâteau ! Tu ne fais jamais rien pour moi ! Je te déteste ! » Barkley (2000) appelle « hyper-réactivité » la tendance aux émotions excessives qui caractérise les personnes atteintes du TDA/H. Néanmoins, leurs réactions sont proportionnelles à leurs sensations et à leurs émotions. Alors, la prochaine fois que vous verrez quelqu'un avoir une «réaction excessive», dites-vous que cette personne a en fait des sensations ou des émotions excessives et doit se sentir horriblement mal.

La personne a des réactions inflexibles ou explosives. «Sébastien, décroche. Non, je ne peux pas te ficher la paix. Sébastien, là, tu dérailles. Sébastien, arrête. J'en ai assez que tu brises des choses!» Greene (1999) donne des explications détaillées sur les réactions inflexibles ou explosives.

La personne ne se sent calme que quand elle remue. «Il paraît toujours plus heureux quand il est occupé. Est-ce pour cette raison qu'il rentre toujours si tard du travail?»

La personne recherche les sensations fortes. «On dirait qu'il recherche la stimulation à tout prix. En fait, c'est en situation d'urgence qu'il se sent le plus à la hauteur.»

La personne a du mal à prêter attention aux autres. «Mon mari ne m'écoute jamais. Il est incapable de s'asseoir avec moi et les enfants. Il n'est pas plus attentif à sa famille qu'il ne l'était à l'école.» À mesure que la personne atteinte de TDA/H vieillit, les gens qui l'entourent lui demandent de plus en plus de disponibilité et d'empathie. Pourtant, ses comportements peuvent l'empêcher de manifester ces attitudes, en dépit des sentiments qu'il éprouve.

La personne a du mal à échanger des services avec ses amis. Il peut être difficile de tisser des amitiés si nous ne pouvons tenir nos promesses.

La personne éprouve un sentiment d'échec. «Je n'ai jamais accompli tout ce que je croyais pouvoir ou devoir faire.» Ce profond sentiment de déception constitue souvent le déclencheur qui pousse les adultes atteints du TDA/H à demander de l'aide.

La personne ment, jure, vole et blâme les autres. Ces comportements sont fréquemment associés au TDA/H, chez le préadolescent et l'adolescent en particulier. Les statistiques sont affligeantes. Selon Barkley et ses collègues (1990), 72 % des enfants atteints se disputent avec les adultes (contre 21 % des enfants qui se situent dans la norme) ; 66 % des enfants atteints reprochent leurs propres erreurs aux autres (contre 17 % des enfants qui se situent dans la norme) ; 71 % des enfants atteints sont susceptibles ou impatients (contre 20 % des enfants dans la norme) ; 40 % des enfants atteints jurent (contre 6 % des enfants dans la norme) ; 49 % des enfants atteints mentent (contre 5 % des enfants dans la norme) ; et 50 % des enfants atteints commettent des petits vols (contre 7 % des enfants dans la norme).

En un mot, lorsque l'enfant passe du primaire au secondaire, les symptômes du TDA/H deviennent de plus en plus difficiles à tolérer. La « bonne » nouvelle, cependant, c'est que ces symptômes font partie intégrante du TDA/H. Personne n'est à blâmer, ni vous ni votre enfant. Une fois qu'on l'a compris, on peut se mettre à la recherche de solutions.

Par ailleurs, le TDA/H peut être associé à n'importe lequel des composants des troubles multiples dont il est question dans ce livre. Les difficultés d'apprentissage les plus fréquemment associées au TDA/H sont :

- La personne a du mal à suivre une série de directives. Voici un exemple de consigne qui n'a rien d'extraordinaire en classe : « Taisez-vous, retournez à vos places, ouvrez votre livre de mathématique à la page 41 et faites le premier problème de la page. » Et voilà que l'enfant atteint du TDA/H échoue son cours de mathématique parce qu'il a de la difficulté à suivre une série de directives.
- La personne écrit mal. Fait intéressant, les médicaments viennent souvent à bout de ce problème.

Les causes neurologiques du TDA/H

Peu importe le pays, le TDA/H au sens du DSM-IV atteint 1 personne sur 16, soit environ 6 % de la population (Barkley, 1998, p. 82). Le TDA/H atteint un membre de la famille, mais se répercute sur tous les autres. En supposant que chaque famille compte quatre personnes, il y a donc 4 chances sur 16 pour qu'un ménage subisse les effets du TDA/H. Réunissez quatre mères de famille et, parmi elles, vous en trouverez vraisemblablement une dont la vie est chamboulée par le TDA/H. Même si 6 % des gens ont un TDA/H, seulement 3 % des enfants d'âge scolaire aux États-Unis prennent un médicament stimulant pour le traitement du trouble (Olfson, 2003).

Nous avons vu que le TDA/H est dû à une perturbation des lobes frontaux et préfrontaux. Plus précisément, il semble que les lobes frontaux ne soient pas adéquatement stimulés par un neurotransmetteur appelé noradrénaline. Par conséquent, ils ne transmettent pas suffisamment d'une autre substance chimique, la dopamine, pour inhiber correctement d'autres activités cérébrales.

Il est désormais établi que le TDA/H a des causes neurologiques. Les recherches, et notamment les études portant sur les enfants adoptés, indiquent la présence d'une forte composante héréditaire. Les scientifiques soupçonnent notamment une anomalie du gène qui code pour le récepteur dopaminergique D4. La tomographie par émission de positrons et l'imagerie par résonance magnétique révèlent des anomalies préfrontales et une perturbation de l'activité de la dopamine. De tels examens ne facilitent pas le diagnostic du trouble chez un enfant en particulier, mais leurs résultats devraient nous inciter à un peu plus de compassion envers les personnes atteintes.

Certains enfants atteints du TDA/H ont des « absences ». S'agit-il dans leur cas d'un trouble convulsif ou d'une manifestation du TDA/H ? Le tableau 3.1 devrait aider les médecins à différencier les deux affections. La distinction est parfois difficile à faire, même avec l'aide d'un électroencéphalogramme.

Tableau 3.1 Le parallèle entre les absences associées au TDA/H et aux troubles convulsifs

Absences associées à un trouble convulsif	Absences associées au TDA/H
Surviennent à n'importe quel moment, y compris durant une activité, pendant que l'enfant parle ou mange par exemple	Surviennent seulement durant les « périodes creuses », pendant que l'enfant regarde la télévision ou s'ennuie par exemple
Ne cessent pas quand on touche à l'enfant ou qu'on lui parle fort	Cessent quand on touche à l'enfant ou qu'on lui parle fort
Peuvent être associées à des symptômes comme des battements des paupières, des mouvements des lèvres ou des secousses musculaires	Ne sont associées à aucun autre symptôme

Le traitement du TDA/H et de la désorganisation

Relisez le chapitre 2, intitulé « Lisez ce chapitre ! Les principes généraux de l'intervention ». Tout son contenu s'applique aux personnes atteintes du TDA/H. Le plan B (*page 23*) revêt une importance particulière pour les parents.

Comment présenter l'information à un enfant atteint du TDA/H

- Éliminez tous les éléments de distraction de son environnement.
- Présentez l'information de manière dynamique et captivante. L'enfant atteint du TDA/H se tourne vers le stimulus le plus attrayant du moment.
- Établissez un contact visuel. Certains enfants, cependant, sont capables de se rendre compte que le contact visuel nuit à leur concentration. Faites des essais et voyez ce qui donne les meilleurs résultats.
- Tapez sur la table (ou utilisez un autre code) pour rétablir la concentration de l'enfant.
- Attirez l'attention de l'enfant par des commentaires comme : « Ceci est important ! »
- Morcelez les longues consignes.
- Vérifiez si l'enfant comprend.
- Incitez l'enfant à souligner les mots clés dans une directive.
- Conseillez à l'enfant de marquer d'un X les mauvaises réponses d'un choix multiple. Vous lui permettrez ainsi de « démarrer » rapidement tout en l'obligeant à lire tous les choix avant de donner une réponse.
- Invitez l'enfant physiquement hyperactif à se lever de son siège pour recueillir ou distribuer des documents.
- Assignez à l'enfant une place stratégique dans la classe. Cette place se trouve généralement à côté de l'enseignant qui, lui, ne s'installe pas nécessairement à l'avant de la classe. Il peut cependant y avoir un excès de circulation à proximité de l'enseignant.

Chaque cas dicte une intervention individualisée, et parfois concertée avec l'enfant.

Comment aider l'enfant à s'organiser

Admettez que la désorganisation constitue une importante difficulté chez presque toutes les personnes atteintes du TDA/H. De fait, les critères diagnostiques indiquent qu'il est difficile de diagnostiquer un TDA/H en l'absence de difficultés d'organisation. Oui, il arrive (assez fréquemment) que des élèves atteints rédigent un travail extraordinaire et oublient de le remettre. C'est la stupéfiante variabilité des aptitudes qui fait du TDA/H un handicap.

Persistez à enseigner des techniques d'organisation. Toutes reposent sur le même procédé : inscrire les points à retenir ailleurs que dans la mémoire infidèle de l'enfant. Certains enfants sont tellement fascinés par les appareils électroniques qu'ils peuvent utiliser un ordinateur de poche. Quand ils n'ont pas leur carnet de devoirs sous la main, certains enfants s'arrangent pour gribouiller sur un bout de papier (en espérant ne pas l'égarer). Dans la plupart des cas, cependant, un bon système d'organisation commence avec un cahier et un carnet de devoirs.

Le matériel

La multiplication des cahiers ne sert qu'à confondre et encombrer l'enfant. Tous les parents s'en plaignent lorsque j'aborde le sujet avec eux. Un élève atteint du TDA/H devrait posséder le matériel suivant :

- Une reliure à anneaux pour toutes les matières. Juste une, autant que possible ! L'élève doit immédiatement inscrire la date sur chaque feuille de papier qu'il reçoit.
- Une pochette à double rabat pour les devoirs dans toutes les matières (un côté pour les documents à emporter à la maison et l'autre pour les travaux à remettre). Sans un moyen de regrouper la paperasse, l'enfant et ses éducateurs n'arriveront jamais à tout retrouver.
- Un carnet de devoirs. Veillez à ce que l'enfant l'utilise. Beaucoup d'élèves atteints du TDA/H ne notent rien dans leur agenda. Vérifiez ! En vérifiant, vous vous assurerez que l'enfant s'exerce à

utiliser son carnet. Vous enseignerez les habiletés au lieu de punir l'enfant qui ne les a pas acquises. Ce sera plus productif et plus facile que d'essuyer les conséquences d'un devoir oublié. Prévoyez quelques minutes à la fin des cours pour que l'enfant note ses devoirs. Vous pouvez être certain qu'il ne notera rien en se précipitant hors de la classe et vous n'aurez pas non plus l'occasion de vérifier. Si vous distribuez une liste des devoirs hebdomadaires, songez à la coller dans le carnet de devoirs.

- Un calendrier mensuel. Le calendrier peut être rempli par l'équipe d'intervenants de l'école ou simplement téléchargé en blanc d'un site Web. Veillez à fournir le calendrier à l'enfant bien avant le premier jour du mois. De fait, tous les élèves devraient apprendre à utiliser un calendrier mensuel pour planifier leurs travaux de longue haleine. Indiquez sur le calendrier les étapes des longs travaux (fin de la lecture, rédaction du brouillon, correction, etc.).

Les devoirs

Chaque jour, vous devriez vous asseoir avec l'enfant et passer en revue le carnet de devoirs ainsi que le calendrier mensuel afin d'y repérer les engagements ou les travaux à venir. Ramassez aussi toutes les notes gribouillées sur des bouts de papier et reportez-les dans le carnet ou sur le calendrier.

À partir de la liste des tâches quotidiennes et hebdomadaires, élaborez ensuite un horaire pour la journée. Prenez l'agenda, regardez les quelques semaines à venir et planifiez une heure précise pour les tâches d'aujourd'hui. Vous aurez ainsi une idée réaliste du travail qu'il est possible de faire en une journée. Notez que ce que vous planifiez d'accomplir aujourd'hui peut ne pas correspondre exactement avec ce qui est prévu dans le carnet de devoirs.

- Planifiez les repas, le bain, les communications par ordinateur, la période de télé, etc.
- Tenez compte des délais imprévus : un travail qui demande plus de temps que prévu, les demandes des parents, les appels téléphoniques des amis, les embouteillages, etc. Prévoyez l'imprévisible !
- Respectez l'horaire. Puisqu'il y aura toujours une échéance à respecter, vous éviterez de vous retrouver sur des chemins de traverse.

- Passez l'horaire en revue avec l'enfant aussitôt que celui-ci l'élabore (soit en principe au retour de l'école ou en classe spécialisée). La plupart des enfants atteints du TDA/H estiment mal la durée des événements. Ils auront besoin de vos conseils. L'horaire leur permettra de vérifier si leurs estimations sont justes.

L'enseignant et les parents devront « prêter » leurs lobes frontaux à l'enfant tant que ses capacités d'organisation ne se seront pas complètement développées, ce qui prendra encore quelques dizaines d'années. (Devenues adultes, les personnes atteintes les plus astucieuses sollicitent une aide semblable de leur conjoint ou de leur secrétaire.) Vous devrez non seulement enseigner l'utilisation du carnet de devoirs, mais aussi la superviser. Le jour où vous cesserez, l'enfant cessera vraisemblablement de l'utiliser. Rappelez-vous le concept de fonction exécutive.

Un carnet de devoirs n'a aucune utilité s'il est mal rempli. Assurez-vous que les parents et l'enfant sont bien informés des devoirs à faire. La plupart des élèves peuvent assumer eux-mêmes cette responsabilité. Ceux qui sont atteints du TDA/H, par contre, n'y parviennent pas de façon constante. Il serait injuste et stérile de laisser des élèves intelligents échouer en raison de cette incapacité. Posez-vous la question suivante : « L'objectif de ce devoir est-il d'évaluer sa capacité de faire de la physique ou de l'algèbre, ou bien d'évaluer sa capacité dans un domaine d'incapacité (l'organisation) ? » Ne vous faites pas de souci : l'enfant demeure responsable de l'exécution du travail.

Les conseils suivants vous aideront à informer l'enfant et ses parents des travaux à faire. Attendez-vous à fournir un effort pour être persévérant.

- Rappelez à l'enfant les événements récurrents (les évaluations du vendredi par exemple).
- Donnez-lui une liste des travaux de la semaine.
- Placez la liste des devoirs dans le site Web de votre école.
- Signez le carnet de devoirs après chaque cours. Ne vous attendez pas à ce que l'enfant vienne spontanément vous voir pour obtenir votre signature. S'il était assez organisé pour le faire, vous n'auriez pas à lui offrir ce service. Oui, l'élève qui se situe dans la norme

est assez organisé pour demander une signature à l'enseignant. Mais vous n'avez pas affaire à un élève qui se situe dans la norme.

- L'expérience pratique démontre que la signature du carnet de devoirs est une habitude difficile à conserver. Si vous êtes incapable de signer tous les nouveaux devoirs, assurez-vous d'employer les autres techniques décrites précédemment et de procéder comme suit en cas d'oubli.

Communiquez avec les parents aussitôt que l'enfant prend du retard. Le secret est là ! Si vous attendez le bulletin de fin d'étape, il sera trop tard pour corriger le problème. L'enfant ne saisira pas le rapport entre ses actes et les conséquences. Employez n'importe lequel des moyens de communication suivants :

- Privilégiez les appels téléphoniques et les courriels, car ils ne nécessitent pas l'intervention de l'enfant. Le courrier électronique est particulièrement commode, puisque les enseignants sont difficiles à joindre pendant la journée. Il est plus rapide d'expédier un bref courriel que d'entreprendre une longue conversation téléphonique après une série d'appels manqués.

- Les parents ont intérêt à appeler le chef de l'équipe d'intervenants ou le psychoéducateur toutes les semaines afin de rester au courant.

- Toutes les semaines, les parents peuvent poster une carte à l'enseignant. Ils n'ont qu'à remplir les espaces réservés aux travaux manqués et aux commentaires puis à glisser l'enveloppe dans une boîte aux lettres.

- Les parents et l'enseignant peuvent se munir d'un « carnet de commentaires » que l'enfant transportera chaque jour entre l'école et la maison.

Instaurez un système de rattrapage rapide. Si les déductions de points suffisent à corriger le problème des retards, tenez-vous-y. Sinon, considérez le problème comme une incapacité qu'il est actuellement impossible de corriger complètement. Exigez tout de même que l'enfant termine son travail, mais ne persistez pas à lui enlever des points, ce qui serait excessif, injuste et démoralisant pour l'enfant. Employez l'une des deux méthodes suivantes :

- Accordez un sursis d'une journée suivant un avertissement direct de la part des parents.
- Imposez une retenue non punitive au cours de laquelle l'enfant exécutera le travail.

Quelle que soit la méthode, l'élève fait tout le travail, acquiert les connaissances et obtient de bonnes notes. Sans un tel soutien, l'enfant ne fait pas le travail, n'apprend rien et récolte de mauvaises notes. Il me semble que le choix est clair!

Si, pour une raison quelconque, vous devez attribuer une note inférieure à la note de passage pour cause de travaux omis, rappelez-vous que le seuil de l'échec se situe à 60 % et non à 0 %. Il est pratiquement impossible d'obtenir une moyenne générale décente avec un ou deux zéros. Si, par exemple, un élève obtient quatre notes de90 % et un seul 0 %, sa moyenne passe à 72 %. Très démoralisant. Une note de 0 % est excessive, ne change rien au comportement futur de l'enfant (il n'a pas changé jusqu'à présent, pas vrai?) et se révèle en fin de compte nuisible. D'un point de vue purement mathématique, l'obtention de cinq points supplémentaires pour quelques travaux exceptionnellement bien exécutés ne peut compenser la perte de 100 points consécutive à un travail oublié.

Ces approches ont en outre ceci de bénéfique qu'elles donnent un peu de répit aux parents. Une fois dissipée la terreur des pertes de points pour devoirs oubliés, ils n'ont plus à suivre pas à pas le travail de leur enfant. La plupart des adolescents tolèrent mal ce degré d'ingérence. C'est dire combien il déplaira à celui que le TDA/H rend extrêmement sensible à la frustration.

Encore des astuces

Certains élèves ont intérêt à posséder deux ensembles de manuels, un pour la maison et un pour l'école. Ils s'épargnent ainsi des retours irritants vers l'école en cas d'oubli.

Informez constamment les parents et l'enfant des notes de ce dernier. Beaucoup d'élèves atteints du TDA/H surestiment leur rendement scolaire. Un bilan tangible permet à ces élèves et à leurs parents de demeurer réalistes. Songez aussi à la possibilité d'administrer un bref examen préliminaire à l'élève afin qu'il puisse évaluer sa maîtrise des connaissances avant d'échouer à l'examen proprement dit.

Utilisez des moyens concrets pour aider l'enfant :

- Énoncez explicitement le problème et ses conséquences au moment de l'événement.
- Utilisez des calendriers et des agendas pour subdiviser les tâches en étapes concrètes et réalisables. Les calendriers confèrent une existence tangible au nébuleux concept de temps et vous éviteront en outre de harceler l'enfant.
- Faites un remue-méninges et notez les idées sur des fiches ou à l'aide d'un logiciel de traitement de texte. Procédez ensuite à un tri et à un classement.

Fournissez de l'aide à l'enfant au moment où il en a besoin et non une rétroaction négative quand il est déjà trop tard. Le fait est que la punition n'inculque pas les comportements désirés aux enfants atteints du TDA/H. Le principe du « ça passe ou ça casse » non plus. Sans notre aide, ça « cassera » toujours. Ça n'avance personne.

Utilisez la classe spécialisée ou adjoignez-vous les services d'un enseignant auxiliaire pour enseigner l'organisation à l'enfant atteint du TDA/H. Vous lui avez enseigné la même habileté quelques dizaines de fois ? Ça ne suffit pas. Si c'était suffisant, cet enfant ne serait pas en classe spécialisée. L'éducateur spécialisé ou le psychoéducteur doit vérifier quotidiennement la maîtrise des habiletés d'organisation :

- Vérifiez la liste des devoirs (qui devra aussi être vérifiée par l'éducateur spécialisé, le psychoéducteur ou les parents ; ou encore assurez-vous qu'un pair a signé chaque devoir).
- Passez en revue la liste des manuels nécessaires.
- Passez en revue les dates de remise des travaux.
- Passez en revue la subdivision des longs travaux en courtes étapes.
- Passez en revue le calendrier mensuel.

L'éducateur spécialisé ou le psychoéducateur doit aussi vérifier les notes que l'enfant a prises dans chacun des cours de la journée et rassemblées dans sa reliure à anneaux. Il faudra peut-être installer des imprimantes dans la classe spécialisée à l'intention des élèves qui prennent des notes à l'ordinateur.

N'abandonnez pas. Ne laissez pas le succès vous inciter à délaisser l'aide à l'organisation. Trop souvent, les gens abandonnent le programme quand il commence à donner des résultats, pensant que le problème a disparu. Ce n'est pas parce qu'un programme réussit qu'il n'est plus nécessaire. (« Pourquoi vérifierais-je le devoir de Nicolas. Il n'en a oublié aucun depuis des semaines ! ») Malheureusement, les problèmes ont tendance à réapparaître dès que le soutien est retiré.

Le traitement médicamenteux

Beaucoup d'enfants atteints du TDA/H bénéficient d'un traitement médicamenteux en plus des moyens décrits précédemment. Souvent, les médicaments donnent à l'enfant les habiletés neurologiques de base dont il a besoin pour répondre aux approches comportementales. Lorsque prescrits aux personnes atteintes du TDA/H, ces médicaments stimulent les lobes frontaux et leur permettent de bloquer les distractions comme ils le devraient. Leur effet est semblable à celui de la caféine. L'enfant paraît « plus calme » parce qu'il est plus concentré et non parce qu'il est sous sédation.

Bien des gens ne font pas la distinction entre stimulants et sédatifs. Une analogie vous aidera à comprendre la différence. Nous pouvons comparer la personne atteinte du TDA/H à une bicyclette dépourvue de freins. Les stimulants servent en quelque sorte à donner des freins à la bicyclette et donc à la rendre plus performante. Les sédatifs auraient le même effet qu'une couche de goudron sur les engrenages : la machine serait tellement engourdie qu'elle ne fonctionnerait plus. Il serait inadéquat de recouvrir les engrenages de goudron, mais il est opportun de remettre la mécanique en état de marche. (Et, pour mettre fin à l'analogie, de demander à la personne atteinte du TDA/H de fournir un rendement acceptable.)

Vous trouverez plus de détails sur la médication au chapitre 14.

La rétroaction à donner au médecin (si l'enfant est sous médication)

La plus vaste étude sur le traitement multimodal du TDA/H a démontré que la plupart des médecins œuvrant dans la collectivité ne prescrivent pas les doses optimales (Jensen *et al.*, 2001). Pourtant, si les écoles fournissaient une meilleure rétroaction, les médecins pourraient mieux cerner les aspects qu'il est encore possible d'améliorer. Il faut évaluer le rendement de l'enfant dans différentes disciplines et à différents moments de la journée. L'enseignant peut soumettre au médecin un court texte décrivant les progrès de l'enfant (ce qui ne saurait nuire).

« Est-ce que ça ira ? »

Pour résumer mes propos, je dirai que nous faisons fausse route en mettant tous nos œufs dans le panier de la triade inattention, impulsivité et hyperactivité. Ces symptômes ne représentent que la pointe de l'iceberg. L'enfant est généralement aux prises depuis un bon moment avec des problèmes beaucoup plus graves. Néanmoins, ses éducateurs n'ont pas compris que les symptômes associés que je viens de décrire font partie intégrante du même trouble neurologique ou d'un autre composant des syndromes multiples. C'est ainsi que les éducateurs considèrent l'enfant atteint comme réfractaire un peu par hasard et égocentrique. Tant que nous n'admettrons pas que ces symptômes envahissants appartiennent au même spectre, les parents et les enseignants n'en parleront pas et les médecins ne s'en occuperont jamais.

Dieu merci, l'hyperactivité physique disparaît presque toujours au cours du deuxième cycle du primaire. Qui a déjà vu un homme de 60 ans se jeter hors d'un chariot d'épicerie ? Par contre, les autres aspects du TDA/H peuvent persister jusqu'à l'âge adulte dans la moitié des cas environ. En l'absence d'hyperactivité, on a tôt fait d'interpréter les autres symptômes comme de la paresse ou de la mauvaise volonté. Le problème est particulièrement criant durant les années du secondaire.

Les choses étant ce qu'elles sont, nous sommes en droit de nous demander : « Est-ce que ça va passer ? » Personnellement, je préfère une autre question : « Est-ce que ça ira ? » Nous pouvons répondre par l'affirmative tout en nous fixant un horizon d'une cinquantaine d'années. Autrement dit, les enfants atteints du TDA/H peuvent réussir magnifiquement leur vie d'adulte, mais devront travailler à leurs problèmes jusqu'à la fin de leurs jours. Dans l'intervalle, il nous faut patiemment les guider dans la bonne direction. Si nous ne parvenons pas à étayer leur estime de soi, cependant, ils ne pourront jamais exploiter toute leur énergie à des fins productives une fois devenus adultes.

Nous devons enfin nous rappeler que certains aspects de l'iceberg sont merveilleux, voire enviables. Tandis que la plupart des gens s'inquiètent pour l'avenir ou ressassent le passé, les personnes atteintes du TDA/H vivent l'instant présent. On ne s'ennuie jamais avec elles. Leur désinvolture leur donne la liberté de prendre des risques qui effraient le commun des mortels. Leur imagination débordante engendre des innovations créatives. Et, par-dessus tout, leur extrême passion peut nous inspirer et nous stimuler tous.

Attachez bien vos tuques !

Chapitre 4

L'apprentissage : troubles et différences

Robert R. Wolff et Martin L. Kutscher

> « Si je suis si intelligent, pourquoi suis-je dans ce groupe de lecture ? »

Apprendre à propos des troubles d'apprentissage

Qu'est-ce que l'intelligence ?

Qu'est-ce au juste que l'intelligence ? Forcés de répondre succinctement à la question, la plupart des gens diraient quelque chose comme : « Je ne le sais pas vraiment, mais c'est un genre d'étincelle qu'on a ou qu'on n'a pas. »

Or, cette fameuse étincelle qui déterminerait à elle seule l'intelligence n'existe pas. Chaque personne possède des aptitudes dans une foule de domaines. Il y a une étincelle particulière pour la lecture (et pour chacune des nombreuses habiletés que nécessite cette tâche), la mathématique, l'écriture, l'orthographe, la musique, les arts, les sports, la danse, la planification et l'organisation. Il faut aussi une étincelle particulière pour être aimable avec les autres, dire non aux drogues et tirer son épingle du jeu.

Même le quotient intellectuel (QI) mesure de 10 à 16 formes d'intelligence, c'est-à-dire un ensemble d'aptitudes intellectuelles nécessaires à la réussite scolaire. Mentionnons en passant que le terme *quotient intellectuel* désigne dans le langage courant l'expression mathématique des résultats d'une série de tests appelée Échelle d'intelligence de Wechsler pour enfants. On calcule la moyenne des résultats des différents tests afin d'obtenir une note unique mais exagérément simplifiée. (Vous trouverez plus détails sur le QI à la page 72.)

L'étincelle qu'on considère généralement comme la clé de l'intelligence réside dans la capacité d'établir de nouveaux liens entre des données accumulées ou mémorisées séparément, une faculté souvent appelée *créativité.* Nous devons toutefois nous rappeler que la création de nouvelles associations n'est qu'une des innombrables tâches que l'être humain est appelé à accomplir et que même son aptitude à l'exécuter varie selon les domaines.

Qu'est-ce qu'un trouble d'apprentissage ?

Le profil intellectuel d'une personne n'est pas uniforme comme une plaine, en ce sens que certaines aptitudes sont plus développées que les autres. Chez la majorité des gens, elles peuvent être représentées par un relief vallonné. Chez une personne ayant un trouble d'apprentissage, cependant, leur représentation évoquerait plutôt les Rocheuses. La plupart des aptitudes se situent à un niveau adéquat puis, soudain, l'une plonge au fond d'un ravin. Dans ce paysage, les vallées représentent des différences d'apprentissage et les creux, des troubles d'apprentissage. Sur l'échelle de Wechsler, une différence de plus de 15 points entre le QI de performance et le QI verbal correspond à un trouble d'apprentissage.

Aux yeux d'un neurologue, un élève peut présenter des difficultés d'apprentissage tout en n'ayant aucune aptitude inférieure à la moyenne. Imaginons par exemple un élève de cinquième année dont le rendement général est équivalent à celui d'un élève de troisième secondaire, mais qui se situe au niveau de la sixième année pour ce qui est de la mathématique. Ses aptitudes en mathématique retardent ses autres aptitudes, même si elles se situent au-dessus de la moyenne.

Un trouble d'apprentissage correspond à un profil d'apprentissage inégal. Par souci de précision, ajoutons qu'une difficulté doit nuire considérablement au fonctionnement de l'enfant pour être étiquetée comme un trouble d'apprentissage. Si l'ensemble de vos étincelles est plus faible que la normale, alors votre intelligence est inférieure à la normale (même si, par euphémisme, beaucoup de gens diront que vous avez un trouble d'apprentissage).

Bref, une faible aptitude à la lecture ne fait pas de vous un « idiot », pas plus qu'une grande aptitude à la calligraphie ne fait de vous un « génie ». Aucune aptitude ne détermine à elle seule l'intelligence.

Les définitions savantes

L'organisation Troubles d'apprentissage – Association canadienne (*en ligne*) affirme que l'expression *troubles d'apprentissage* fait référence à un certain nombre de dysfonctionnements pouvant affecter l'acquisition, l'organisation, la rétention, la compréhension ou le traitement de l'information verbale ou non verbale. Ces dysfonctionnements affectent l'apprentissage chez des personnes qui, par ailleurs, possèdent les habiletés intellectuelles essentielles à la pensée ou au raisonnement. Ainsi, les troubles d'apprentissage sont distincts de la déficience intellectuelle.

Les troubles d'apprentissage découlent d'atteintes d'un ou de plusieurs processus touchant la perception, la pensée, la mémorisation ou l'apprentissage. Ces processus incluent, entre autres, le traitement phonologique et visuo-spatial, le langage, la vitesse de traitement de l'information, la mémoire, l'attention et les fonctions d'exécution (comme la planification et la prise de décision).

Les troubles d'apprentissage varient en degré de sévérité et découlent de facteurs génétiques ou neurobiologiques, ou d'un dommage cérébral, ce qui affecte le fonctionnement du cerveau, modifiant ainsi un ou plusieurs processus reliés à l'apprentissage. Les troubles d'apprentissage ne sont pas initialement attribuables à des problèmes d'audition ou de vision, à des facteurs socio-économiques, à des différences culturelles ou linguistiques, à un manque de motivation ou à un enseignement inadéquat, bien que ces facteurs puissent aggraver les défis auxquels font face les personnes ayant des troubles d'apprentissage.

Les troubles d'apprentissage peuvent être associés à des troubles attentionnels, comportementaux et socioaffectifs, à des déficits d'ordre sensoriel ou à d'autres conditions médicales.

Les psychologues et les commissions scolaires ont aussi leurs propres définitions. Sur le plan médical, l'American Psychiatric Association (APA) définit quatre types de troubles d'apprentissage dans le DSM-IV (1994):

- le trouble de la lecture;
- le trouble du calcul;
- le trouble de l'expression écrite;
- le trouble des apprentissages non spécifié.

Les critères diagnostiques pour chacun de ces troubles se résument ainsi:

- performances nettement inférieures au niveau escompté;
- altération importante du fonctionnement;
- difficultés supérieures à celles qu'entraînerait une atteinte sensorielle.

Le DSM-IV mentionne également un trouble de l'acquisition de la coordination dans lequel les déficits de la maîtrise des habiletés motrices nuisent à l'apprentissage de l'écriture, du dessin et des sports. Ce trouble peut se manifester par des retards importants dans les étapes du développement psychomoteur (marcher, ramper, s'asseoir), par le fait de laisser tomber des objets et d'être maladroit.

Certains experts pensent qu'il faut aussi inclure dans la catégorie des troubles d'apprentissage les «troubles de la communication», soit notamment les troubles de l'articulation, le trouble du langage de type expressif et le trouble du langage de type réceptif.

Une spécialiste du sujet, Betty Osman, propose une définition simple. Selon elle, un trouble d'apprentissage est «une condition handicapante qui nuit à la capacité d'emmagasiner, de traiter ou de produire l'information désirée» (1997, p. 5).

Suivant la définition utilisée, au Canada, en moyenne 12% des enfants d'âge scolaire auraient un trouble d'apprentissage, selon l'Enquête longitudinale nationale sur les enfants et les jeunes (Statistique Canada, 1997).

Ces troubles atteignent plus de garçons que de filles (sauf en mathématique, où la situation est inversée).

Quand faut-il dépister les troubles d'apprentissage?

Bien entendu, il faudrait dépister les troubles d'apprentissage le plus tôt possible. Le dépistage précoce permet en effet à l'enfant de mettre à profit sa plasticité cérébrale, c'est-à-dire la capacité de son cerveau d'établir encore de nouvelles connexions neuronales après la naissance. La précocité du dépistage et du traitement peut en outre éviter la dévalorisation et l'évitement. Il arrive souvent que des signes apparaissent dès la maternelle.

Les premiers signes

En règle générale, les signes de la plupart des troubles d'apprentissage apparaissent en maternelle ou en première année. Le premier de ces signes peut consister en un retard dans l'acquisition des habiletés liées au langage et à la parole, telles les habiletés de réception, de traitement, d'expression et de fluidité verbale. L'enfant peut avoir du mal à se rappeler les mots (« Tu sais, ces choses qu'on met sur les mains quand il fait froid? ») ou faire un usage incorrect des prépositions. Betty Osman (1997) compare ce que cet enfant vit au fait de voyager dans un pays dont on ne maîtrise pas la langue.

Il arrive souvent que les troubles d'apprentissage se présentent comme un évitement ou un manque d'intérêt pour certaines tâches. Ainsi, les enfants qui ont des problèmes de coordination évitent l'écriture, le coloriage ou le dessin. Nous sommes tous attirés par les tâches dans lesquelles nous excellons et nous évitons tous celles qui nous dévalorisent.

Je crois qu'aucun enfant ne décide un jour consciemment d'éviter une tâche pour le simple plaisir de ne jamais acquérir une habileté, d'obtenir de mauvaises notes et d'embêter ses professeurs. En un mot, soupçonnez la présence d'un trouble d'apprentissage chaque fois que vous vous entendrez dire: « Elle n'est pas bonne parce qu'elle ne s'exerce pas. » Ce sont les difficultés en lecture qui entraînent l'évitement de la lecture, et non l'inverse.

Les répercussions des troubles d'apprentissage

Les troubles d'apprentissage causent des souffrances à beaucoup d'enfants, tant dans l'immédiat qu'à long terme.

Dans l'immédiat, certains enfants ne se rendent même pas compte qu'ils sont aux prises avec le problème. Ils savent simplement qu'ils ne sont pas « bons » à l'école. Dès la première année, ils sont conscients de ne pas réussir aussi bien que leurs camarades. Ils voient clairement qui lit bien et qui lit mal.

Quand on tente de les convaincre qu'ils ont seulement un problème isolé en lecture, ils répondent encore : « Si je suis si intelligent, pourquoi je ne sais pas lire ? » Si le concept d'étincelles d'intelligence multiples est difficile à comprendre pour un adulte, imaginez ce qu'il en est pour un enfant de première année.

Les enfants atteints de troubles d'apprentissage sont incompétents dans leur travail (apprendre). Comment vous sentiriez-vous si vous vous aperceviez un jour que vous êtes le pire des employés à votre travail ? Auriez-vous envie d'aller au bureau ? Seriez-vous heureux de ne rien retenir de ce que vous tentez d'apprendre ? Même les enseignants ont du mal à composer avec cette difficulté chez les élèves. Comment vous en sortiriez-vous si vous n'étiez qu'un enfant ?

L'atteinte à l'estime de soi due aux troubles d'apprentissage peut entraîner des comportements indésirables. L'enfant peut s'agiter ou faire le clown et se retrouver au bureau de la direction. Là, au moins, on ne lui reproche pas d'être incapable de travailler. S'arranger pour être expulsé de la classe est une stratégie remarquablement efficace à court terme, mais affreusement nuisible à long terme. N'oubliez pas, cependant, que les enfants ne sont pas reconnus pour leur prévoyance.

À long terme, les troubles d'apprentissage sont associés à une foule de problèmes :

- un mauvais rendement scolaire ;
- la diminution de l'estime de soi, l'anxiété, la dépression, l'aliénation et la rébellion ;
- d'autres troubles neuropsychiatriques appartenant aux troubles multiples, dont le trouble du déficit de l'attention/hyperactivité (TDA/H ; risque de 20 %) ;
- la délinquance ;
- le décrochage scolaire ;

- la toxicomanie (une étude américaine a révélé que 24 % des enfants atteints de troubles d'apprentissage présentent une toxicomanie, contre 9 % des autres (Feinstein et Phillips, 2004)) ;
- les troubles des conduites (la recherche montre que de 30 % à 70 % des jeunes contrevenants et détenus ont eu des problèmes d'apprentissage. Au cours des deux dernières décennies, le lien entre les troubles d'apprentissage et le comportement délinquant a été confirmé au Canada comme aux États-Unis (Réseau canadien en alphabétisation et en compétences essentielles, en ligne)).

C'est une dure leçon que d'apprendre que la vie est parfois injuste… Prêtez-vous aux simulations des troubles d'apprentissage proposées dans le site www.pediatricneurology.com/adhd2.htm (en anglais). La frustration que vous en retirerez vous rendra peut-être plus empathique à l'égard des enfants atteints.

L'aide à l'enfant

Les approches générales

Les compétences scolaires sont importantes, mais constituent seulement des moyens d'atteindre une fin supérieure : récolter assez d'estime de soi et de bonheur dans la vie pour aider une autre personne à trouver à son tour l'estime de soi et le bonheur. Notre objectif d'éducateurs est de maximiser le potentiel de l'enfant pendant ce cheminement. Il est important de bien lire, mais il est encore plus important d'être heureux et utile.

Il existe deux grandes catégories de stratégies pour aider les enfants à cheminer :

- les stratégies qui consistent à se concentrer sur la difficulté ;
- les stratégies qui consistent à la contourner efficacement.

Pour la dyslexie, par exemple, la méthode Orton-Bellingham (une approche multisensorielle structurée axée sur la phonologie) se range dans la première catégorie, et l'utilisation de livres audio, dans la seconde. Les deux types d'intervention ont leur raison d'être et leur légitimité.

Betty Osman souligne qu'il est parfois préférable de considérer les troubles d'apprentissage comme des « différences d'apprentissage ».

Le fait de voir le problème comme une « différence » nous pousse à rechercher chez l'enfant les forces qui nous permettraient de surmonter les faiblesses (1997, p. 8). En présence d'un enfant qui a un trouble du traitement auditif, par exemple, nous chercherions des stratégies d'apprentissage différentes. Nous pourrions penser dans ce cas précis à utiliser fréquemment le tableau.

Quelques astuces pour les devoirs

Dans un livre intitulé *Learning Disabilities and ADHD* (« Les troubles d'apprentissage et le TDA/H »), Betty Osman (1997) offre les conseils suivants aux enseignants et aux parents à propos des devoirs :

- Il vaut mieux aider un enfant à faire ses devoirs que de le laisser se dépêtrer tout seul. L'enfant n'a peut-être pas compris les consignes ou n'y a pas été attentif. Un supplice qui ne mène nulle part ne fait qu'encourager l'évitement.
- L'enfant atteint de troubles d'apprentissage a généralement besoin d'une série d'explications et de révisions pour assimiler l'information.
- Subdivisez les tâches. Si l'enfant doit lire un chapitre, par exemple, dites-lui de lire d'abord les questions qui se trouvent à la fin et de trouver toutes les réponses, puis de lire le chapitre en entier. Beaucoup d'élèves ont besoin qu'on leur enseigne à étudier !
- N'hésitez pas à agir comme la secrétaire de votre enfant tant qu'il sera incapable de se débrouiller tout seul. (Lisez la section suivante, qui porte sur l'utilisation d'un logiciel de traitement de texte.)
- Vous pouvez aussi copier les problèmes de mathématique de votre enfant si la tâche se révèle trop difficile pour lui.
- Assurez-vous que l'enfant comprend les directives avant de commencer le travail.
- Faites les premiers problèmes avec lui.
- Expliquez la matière au programme du lendemain. Soyez averti, cependant, que beaucoup d'enfants refusent d'apprendre ce qui ne leur sera pas absolument nécessaire pour entrer en classe le lendemain.

- Ne craignez pas de devenir une béquille pour votre enfant. La plupart des enfants aspirent à devenir autonomes. (Le problème consiste plutôt à leur faire accepter notre aide.)
- Si l'enfant accepte votre aide, réjouissez-vous. Sinon, demandez une aide extérieure.

Les logiciels de traitement de texte

Beaucoup d'élèves atteints de troubles d'apprentissage ont absolument besoin d'utiliser un logiciel de traitement de texte, et ce, dès que possible. Un bon nombre d'entre eux peuvent dactylographier efficacement dès la troisième année. Il existe plusieurs jeux d'ordinateur amusants destinés à l'apprentissage à la maison de l'utilisation adéquate et rapide du clavier. L'enfant devrait idéalement apprendre à se servir de ses 10 doigts, mais on peut se contenter de moins. Si l'enfant regarde ses mains pendant qu'il dactylographie, laissez-le faire. Après tout, il n'a pas de brouillon manuscrit à scruter. Une fois qu'il se sera familiarisé avec le clavier, il s'exercera en faisant ses devoirs et en écrivant des courriels.

L'utilisation d'un logiciel de traitement de texte comporte maints avantages :

- Elle permet d'éviter le problème de la dysgraphie. L'enfant peut faire converger tous ses efforts sur les idées plutôt que sur la formation des lettres.
- Les fonctions de vérification de la grammaire et de l'orthographe sont d'une aide inestimable. Ne vous faites pas de souci : l'enfant doit quand même choisir la bonne orthographe. Espérons simplement qu'il tiendra compte des soulignements rouges et verts qui apparaîtront à l'écran.
- L'enfant se servira toute sa vie de logiciels de traitement de texte. Les travaux sérieux se font désormais à l'ordinateur. Il n'y aura bientôt plus que notre signature que l'on inscrira au moyen d'un crayon !
- Les corrections étant faciles à apporter, l'enfant acceptera de meilleur gré les suggestions des parents et des enseignants. Il n'aura plus besoin de tout recopier !

- Sachant qu'il peut modifier son texte autant de fois qu'il le souhaite, l'enfant sera moins effrayé par la page blanche. Il pourra commencer par taper quelques mots puis revenir à son texte plus tard pour l'enrichir ou le corriger.
- Les parents peuvent utiliser le logiciel de traitement de texte à la place de l'enfant qui ne sait pas encore dactylographier, ce qui lui permet de se concentrer sur les aspects plus importants du travail. Les parents peuvent par exemple demander à l'enfant d'écrire ce qu'il peut au cours de la période prévue pour le travail, puis l'inviter à leur dicter le reste. Il vaut mieux apprendre à raconter une bonne histoire que de souffrir en raison de la dysgraphie.

Voilà pour les bons côtés. Voici maintenant comment éviter certains écueils.

- Certains enseignants du primaire voient d'un mauvais œil l'utilisation d'un logiciel de traitement de texte en classe. Dans une telle situation, on peut faire un compromis : demander à l'enfant d'écrire à la main en classe et le laisser utiliser l'ordinateur à la maison.
- L'enfant risque de se sentir stigmatisé par l'utilisation d'un logiciel de traitement de texte. Le problème disparaît souvent au début du secondaire. On ne peut pas demander l'impossible à l'enfant.
- L'espace de travail de l'enfant à la maison doit être équipé d'un ordinateur et d'une imprimante réservés exclusivement à son usage personnel. Il n'est pas raisonnable de demander à un enfant qui est atteint du TDA/H ou qui a de la difficulté à faire ses devoirs d'aller et venir entre plusieurs postes de travail.
- L'ordinateur portatif de l'enfant ne doit contenir ni jeux ni connexion à Internet. Ce serait trop tentant. Soyez prévenu : il semble que les jeux aient la mystérieuse capacité de s'installer tout seuls dans l'ordinateur des enfants.

Les troubles d'apprentissage spécifiques

Le trouble de la lecture (la « dyslexie »)

Le mot *dyslexie* signifie simplement « lecture anormale ». Contrairement à ce que pensent bien des gens, la dyslexie ne consiste pas seulement à inverser les lettres. (Reportez-vous à la page 52 pour trouver les critères diagnostiques du trouble de la lecture selon le DSM-IV.) Aux États-Unis, environ 10 % des enfants sont atteints de dyslexie (Feinstein et Phillips, 2004).

De tous les troubles d'apprentissage, c'est le trouble de la lecture qui a les conséquences les plus graves. L'apprentissage de presque toutes les disciplines, la mathématique et les sciences y compris, nécessitent de bonnes aptitudes en lecture.

Les facteurs de risque

Les enfants qui présentent un trouble du langage expressif, des difficultés d'articulation ou un déficit du rappel des mots sont particulièrement sujets à la dyslexie. « Dans leur tête », ils n'entendent pas les sons que nous, nous entendons (par convention) en voyant des lettres. Beaucoup de ces enfants ont des antécédents familiaux de troubles de la lecture ou de difficultés scolaires.

Les difficultés d'orthographe spontanées peuvent aussi signaler la présence d'un problème de lecture existant ou résiduel. L'enfant peut fort bien réussir aux épreuves d'orthographe, car il s'agit là de tests de mémoire. Les problèmes apparaissent toutefois lors de l'exécution d'exercices ou de travaux d'écriture. Certains enfants peuvent quand même lire avec efficacité puisque le décodage repose en grande partie sur l'association des indices contextuels et des premières et dernières lettres des mots. Cela a été démontré par des chercheurs de l'Université de Cambridge. Constatez par vous-même :

> Sleon une édtue de l'uvinertisé de Cmabrigde, l'odrre des ltteers dnas un mto n'a pas d'ipmrotncae, la suele coshe ipmrotnate est que la pmeirère et la drenèire soeint à la bnnoe pclae. Le rsete peut êrte dnas un dsérorde ttoal et vuos puoevz tujoruos lrie snas porlbème. C'est prace que le creaveu hmauin ne lit pas chuaqe ltetre elle-mmêe, mias le mot cmome un tuot.

Étonnant, n'est-ce pas ?

Les étapes de la lecture

Pour comprendre la dyslexie, il faut connaître les étapes de la lecture, soit :

- le décodage ;
- la compréhension ;
- la rétention.

La recherche démontre clairement que la plupart des cas de dyslexie sont dus à une dysfonction phonologique (qui affecte le décodage). L'enfant qui a de la difficulté à rattacher des noms aux lettres à la maternelle et des sons aux lettres à la fin de la maternelle et au début de la première année mérite toute notre attention. Les difficultés phonologiques éprouvées en bas âge laissent présager des difficultés de lecture et devraient dicter une évaluation.

Les enfants apprennent aussi à lire en se servant de leur mémoire visuelle. Or, beaucoup d'enfants dyslexiques ne gardent pas en mémoire l'image du mot, de même qu'ils peuvent inverser les lettres. (Ce dernier problème disparaît vers l'âge de sept ans chez l'enfant qui n'a pas de troubles d'apprentissage.) Enfin, l'enfant peut avoir l'impression que les mots se déplacent, luisent ou sautent.

Il ne semble pas que la dyslexie soit associée à une déficience de la poursuite oculaire. La plupart des spécialistes s'entendent pour dire que les exercices visuels ne traitent pas la dyslexie et accaparent en fait des heures qu'on pourrait consacrer à des stratégies plus efficaces.

Les difficultés de compréhension peuvent être dues à des problèmes précoces de décodage, mais elles peuvent se manifester avec ou sans eux. L'enfant peut être capable de parcourir tout un passage, mais il n'a pas la moindre idée de son sens littéral ou profond. Il peut être incapable de repérer les détails cruciaux, de distinguer les faits importants des faits accessoires, de relever les liens entre les faits ou, simplement, de comprendre les mots ou les phrases.

En première et en deuxième année, l'enfant apprend à lire. En troisième année, il doit lire pour apprendre. Les problèmes de rétention se manifestent d'abord par une difficulté à se rappeler ou à résumer le contenu d'un texte ou encore à le relier à des connaissances ou à des expériences antérieures.

L'importance du dépistage précoce et du traitement intensif

Les auteurs d'une série d'articles parus dans le numéro de l'automne 2004 de la revue *American Educator* (la revue trimestrielle de l'American Federation of Teachers) énoncent les conclusions suivantes (Torgesen, 2004 ; Wattenberg, 2004) :

- La « théorie de l'apprentissage tardif » est bel et bien morte. En effet, 88 % des enfants qui lisent mal à la fin de leur première année liront encore mal à la fin de leur quatrième, sauf s'ils font l'objet d'une intervention précoce et intensive.
- Les problèmes de lecture sont le plus souvent dus à des déficits phonologiques.
- Laissés sans aide, les mauvais lecteurs prendront encore plus de retard :
  - l'inconstance ou l'insuffisance des habiletés de décodage nuisent au développement de la reconnaissance globale. Les bons lecteurs reconnaissent globalement beaucoup plus de mots que ne le font les mauvais lecteurs ;
  - l'insuffisance des habiletés de décodage entrave l'acquisition du vocabulaire ;
  - l'insuffisance des habiletés de décodage entraîne l'insuffisance des habiletés de compréhension ;
  - tous les facteurs précédents débouchent sur un manque d'exercice en lecture chez les enfants qui ont justement besoin d'un surcroît d'exercice.
- Il est essentiel de discerner les signes avant-coureurs des difficultés de lecture. Selon Schatschneider et Torgesen (2004), les problèmes suivants devraient dicter une évaluation, un suivi et, vraisemblablement, un traitement :
  - l'incapacité de nommer les lettres de l'alphabet au début de la maternelle ;
  - l'incapacité de dire les sons des lettres à la fin de la maternelle ;
  - les difficultés de décodage et de fluidité en lecture dans la deuxième moitié de la première année.

- Le dépistage précoce est essentiel. De fait, la recherche montre que les élèves de la maternelle à la troisième année devraient faire fréquemment l'objet d'un dépistage, structuré ou non.
- Le traitement précoce et intensif est efficace chez la plupart des enfants. Le taux de succès varie selon les études, mais une intervention précoce et intensive ramène de 56 % à 92 % des mauvais lecteurs dans la moyenne. Il faut idéalement amorcer l'intervention à la maternelle et en première année.
- Une intervention précoce est beaucoup plus efficace qu'un traitement tardif.
- Les enfants sujets aux problèmes de lecture doivent recevoir un enseignement :
  - plus explicite (on ne doit tenir aucune habileté de décodage pour acquise ; il faut insister sur l'association entre les lettres et les sons, et expliquer clairement les mots et leurs significations) ;
  - plus intensif (en petits groupes, autant que possible) ;
  - plus progressif (il faut attendre que les habiletés de base soient solidement acquises avant de passer à l'étape suivante ; le renforcement positif est essentiel).

L'enseignant devra sans doute adapter ces lignes directrices en fonction de l'enfant et des pratiques de sa commission scolaire. Bien entendu, les démarches pédagogiques varient selon les pays, les provinces et les administrations scolaires.

Les approches thérapeutiques

Les suggestions suivantes sont destinées à l'enseignant qui recherche des outils en plus des interventions individualisées. Chaque élève apprend à sa manière, et la plupart des enseignants proposent à leurs élèves diverses stratégies de lecture :

- L'approche phonologique est essentielle pour les mauvais décodeurs. Nous ne pouvons pas supposer que tous les enfants peuvent apprendre seuls les règles de la phonologie.
- On doit enseigner la reconnaissance globale pour aider l'élève à acquérir de la vitesse et à lire les mots qui ne se conforment pas aux règles de base de la phonologie.

- L'approche du langage global, une méthode fréquemment utilisée, est axée sur le sens, la littérature et le langage. Néanmoins, le recours aux autres stratégies se révélera bénéfique ou essentiel à une partie, voire à l'ensemble des élèves d'une classe.

Les conseils qui suivent sont largement inspirés de l'excellent ouvrage de Kenneth Shore, *Special Kids Problem Solver* (2002, « Les enfants ayant des besoins particuliers : résolution de problèmes »).

- Si un enfant lit rarement, voyez s'il existe un problème. Assoyez-vous seul à seul avec lui et demandez-lui de lire. Est-il capable de lire phonétiquement, de fusionner les sons et de comprendre ce qu'il lit ? Si vous avez des doutes, orientez l'enfant vers l'orthophoniste de l'école. On doit idéalement procéder à un dépistage, structuré ou non, à intervalles réguliers au cours des premières années d'école.

- Employez l'approche phonologique en recommençant du début au besoin. Revoyez la formation des lettres, les sons associés aux lettres et la fusion des sons. Munissez-vous de matériel qui permet à l'enfant d'acquérir ces habiletés dans un contexte signifiant. Vous devrez souvent privilégier la formation de petits groupes.

- Organisez des séances de révision individualisées.

- Insistez sur l'omniprésence de l'écrit. Indiquez à l'enfant qu'on trouve des mots partout : sur les tee-shirts, les cartes de souhaits, les panneaux de circulation, les affiches, dans les revues et les livres. Mettez à sa disposition des livres de tous les genres et de tous les niveaux de difficultés. Efforcez-vous d'en trouver sur des sujets qui l'intéressent.

- Choisissez des textes dont le niveau de difficulté est adapté aux capacités de l'élève et non à son âge chronologique. Pour tirer un plaisir de la lecture, l'enfant doit être capable de lire au moins 90 % des mots avec une relative aisance. Relire un texte procure à l'enfant un sentiment de réussite. Évitez-lui la frustration !

- Utilisez une approche multisensorielle. Demandez à l'enfant de nommer la lettre tout en la dessinant dans les airs, dans le sable, dans son esprit ou avec de la peinture à doigts. L'idée est de voir, entendre et toucher les lettres.

- Incitez l'enfant à se faire des images mentales des scènes décrites dans les textes.
- Pour accélérer la lecture, enseignez la reconnaissance globale des mots les plus fréquents. Il existe des listes de mots les plus fréquents de la langue française écrite. Vous pouvez inscrire ces mots sur des étiquettes que vous afficherez dans la classe et en travailler cinq par semaine. Vous pouvez télécharger une liste du site eduscol.education.fr/D0102/liste-mots-frequents.htm.
- Allégez le stress associé à la lecture à haute voix. Permettez à l'élève de s'exercer à l'avance, ne corrigez pas ses fautes mineures et veillez à ce que personne ne le critique. Au besoin, exemptez l'élève de la tâche.
- Utilisez des livres audio pour familiariser l'enfant avec le texte qu'il va lire.
- Lisez pour l'enfant. Faites-lui comprendre que les livres recèlent des trésors.
- Enseignez à l'enfant des stratégies de compréhension. Montrez-lui par exemple comment :
  - faire une lecture préliminaire rapide du texte. L'élève peut ainsi obtenir un aperçu du texte et ancrer la nouvelle information à une structure ;
  - prévoir la suite du récit ;
  - convertir les titres de sections des manuels en questions, en transformant, par exemple, « Les causes de la Seconde Guerre mondiale » en « Quelles ont été les causes de la Seconde Guerre mondiale ? ». L'élève lira le texte avec un but ;
  - se poser des questions à propos de ce qu'il vient de lire ;
  - évaluer sa propre compréhension afin de déterminer s'il doit ralentir la cadence ou relire un passage ;
  - résumer ce qu'il vient de lire ;
  - lire à haute voix, au besoin, pour faciliter la compréhension (encore que cette stratégie ralentisse la lecture, évidemment).
- Préparez l'enfant à la lecture :

- expliquez les mots difficiles d'un passage ;
- donnez-lui un résumé ou un plan du texte ;
- présentez l'information sous forme de réseau de concepts afin de faire ressortir les liens internes.

• Instituez une période sacrée de lecture. Chaque jour, réservez une période de 20 minutes consécutives à la lecture silencieuse. Faites-en une priorité, un temps fort de la journée et une récompense.

• Encouragez les parents à faire la lecture à leurs jeunes enfants tous les jours. Conseillez-leur de faire de cette séance un moment privilégié.

• Travaillez de concert avec l'orthophoniste ou l'orthopédagogue de l'école.

• Accommodez l'enfant :
  - raccourcissez ses tâches ;
  - fournissez-lui des notes rédigées par l'enseignant ou un pair ;
  - faites-lui passer les examens oralement ;
  - équipez-le d'un ordinateur portatif pour qu'il améliore son orthographe ;
  - donnez-lui plus de temps pour exécuter les tâches.

• Veillez à ce que la lecture demeure amusante pour lui !

Le trouble du calcul

Le trouble du calcul se manifeste dans un premier temps par une difficulté à classer des objets selon la forme ou la taille, ou à associer des nombres à des quantités. L'enfant qui se situe dans la norme apprend à faire ses premiers calculs à l'aide de supports visuels, en comptant sur ses doigts par exemple, mais il les délaisse graduellement à force de s'exercer. L'enfant atteint du trouble du calcul, lui, peut être victime d'une difficulté de rétention au moment de s'initier aux additions et aux soustractions simples, et encore davantage quand il aborde la multiplication, la division et l'algèbre. Il a beau répéter, il a plus de difficulté que les autres à mémoriser les tables. Le trouble du calcul peut aussi s'accompagner de problèmes de compréhension des concepts perceptuels ou mathématiques.

Le trouble du calcul touche de 5 % à 6 % des enfants d'âge scolaire (Shalev, 2004). Certaines études indiquent que le trouble atteint davantage de filles que de garçons.

Les approches thérapeutiques

Les recommandations qui suivent sont en grande partie inspirées d'un article de Kate Garnett, intitulé « Math Learning Disabilities » (1998 ; « Les troubles d'apprentissage de la mathématique »), qu'on peut lire en anglais dans le site Web www.ldonline.org.

Pour les difficultés reliées aux tables d'arithmétique :

- Prévoyez des exercices intensifs et utilisez du matériel qui capte l'attention de l'enfant. Proposez-lui des jeux qui l'incitent à prêter réellement attention à l'exercice.
- Morcelez les exercices en courtes séances d'une quinzaine de minutes.
- Regroupez les calculs en petites séries. Mélangez ensuite les différentes séries.
- Soulignez qu'un même problème peut se présenter dans un ordre différent ($2 \times 3 = 3 \times 2$).
- Enseignez les problèmes en séries, comme $5 + 5$, $6 + 6$, $7 + 7$ ou $5 + 6$, $6 + 7$, $7 + 8$, etc.
- Adaptez :
  - permettez à l'enfant d'utiliser une calculette ;
  - fournissez-lui des tables arithmétiques personnelles (en format de poche) et dissimulez les réponses à mesure que l'enfant les maîtrisera.
- Si l'enfant maîtrise bien les concepts mathématiques, continuez à le stimuler en ce sens tout en lui fournissant l'aide dont il a besoin.

Pour les difficultés reliées à la compréhension des symboles mathématiques :

- Utilisez du matériel de manipulation pour enseigner les symboles graphiques. Même si un enfant comprend naturellement le concept de soustraction, il peut avoir de la difficulté à comprendre la signification de symboles comme + et –.

Pour les difficultés reliées à l'aspect verbal des notions de mathématique :

- Morcelez les consignes.
- Donnez les directives lentement.
- Demandez à l'élève de s'expliquer le processus mathématique à lui-même ou de l'expliquer à un camarade. Cette stratégie l'aidera à comprendre et à assimiler les notions.
- Conseillez à l'élève de formuler dans ses propres mots l'énoncé du problème.

Pour les difficultés reliées à l'aspect visuo-spatial de la mathématique :

- Décrivez en mots ce que la plupart des gens « voient ». Par exemple, quand nous voyons un objet ayant trois côtés, nous reconnaissons instantanément qu'il s'agit d'un triangle. L'élève qui a des difficultés de perception visuo-spatiale, lui, a besoin qu'on lui dise (ou de se dire à lui-même) : « On compte trois côtés. C'est donc un triangle. »
- Enseignez à l'élève à s'expliquer à lui-même chaque étape d'un problème.
- Utilisez des constructions verbales (des mots !) plutôt que des diagrammes.
- Complétez les explications par des manipulations.

Pour les difficultés reliées à l'aspect graphomoteur de la mathématique :

- Proposez à l'élève d'utiliser du papier quadrillé.
- Incitez l'élève à présenter son travail verticalement, en inscrivant chaque étape au-dessous de la précédente.
- Conseillez à l'élève d'aérer son travail plutôt que de serrer ses calculs dans un espace minuscule.

Le trouble de l'expression écrite

Le trouble de l'expression écrite peut se manifester par des difficultés reliées à la ponctuation, à la grammaire, à l'orthographe, à l'organisation et à la calligraphie. L'acte d'écrire est une habileté complexe qui fait intervenir la coordination d'une série de mouvements. Aux

États-Unis, le trouble de l'expression écrite atteint de 2 % à 8 % des enfants, surtout des garçons (Feinstein et Phillips, 2004). Il est habituellement associé à d'autres difficultés, dont le trouble de l'acquisition de la coordination.

Les approches thérapeutiques

- Laissez l'enfant utiliser librement un ordinateur (*voir la section consacrée à ce sujet à la page 57*).
- Accordez des points supplémentaires pour la propreté des travaux, mais évitez d'enlever des points pour la malpropreté (autrement dit, restez positif !).
- Fournissez à l'enfant des notes rédigées par l'enseignant ou par un pair.
- Si l'enfant a des difficultés de calligraphie, songez à la possibilité de l'orienter vers un ergothérapeute.
- Enseignez à l'enfant à organiser ses pensées à l'aide de moyens comme les graphiques, les fiches, les soulignements, etc.
- Faites-lui passer les examens oralement. Demandez-vous quel est l'objectif de l'examen : vérifier les connaissances de l'élève sur la photosynthèse, par exemple, ou vérifier ses habiletés d'écriture ? (Oui, oui, nous cherchons à enseigner et à vérifier les deux chez la plupart des élèves, mais celui-ci n'est pas un élève comme les autres.)

Le trouble de l'acquisition de la coordination

Officiellement défini par le DSM-IV (APA, 1994), le trouble de l'acquisition de la coordination se manifeste par de la maladresse ou par un retard du développement psychomoteur. Ce trouble peut avoir la dysgraphie en commun avec le trouble de l'expression écrite, mais se caractérise par des déficits plus étendus des habiletés musculaires. Il peut entraîner des problèmes de motricité (globale ou fine). Aux États-Unis, il touche 6 % des enfants d'âge scolaire (Feinstein et Phillips, 2004).

Bien que les problèmes de coordination ne soient généralement pas considérés comme des troubles d'apprentissage à proprement parler, j'en traite ici pour les raisons suivantes :

- comme les troubles d'apprentissage, ils entravent des habiletés isolées ;
- ils peuvent gêner l'apprentissage dans d'autres domaines ;
- ils sont parfois associés à des troubles d'apprentissage « classiques ».

Trouble de l'acquisition de la coordination ou déficience motrice cérébrale ?

La différence entre le trouble de l'acquisition de la coordination et la déficience motrice cérébrale (communément appelée paralysie cérébrale) réside dans le degré d'atteinte de la coordination musculaire. Cette atteinte est beaucoup plus grave dans la déficience motrice cérébrale, de même qu'elle est associée à des anomalies neurologiques particulières.

Comme son nom l'indique, la déficience motrice cérébrale est une anomalie des centres moteurs situés dans le cerveau. Le problème ne se situe pas dans les muscles eux-mêmes. En termes scientifiques, il s'agit d'une encéphalopathie (une affection du cerveau) statique (qui n'évolue pas) motrice (qui perturbe la maîtrise des muscles). La déficience motrice cérébrale peut varier de légère à extrêmement profonde. Elle n'est pas synonyme de déficience intellectuelle, encore que les deux états coexistent fréquemment.

Le terme *déficience motrice cérébrale* n'exprime pas la cause précise du problème. La plupart des cas sont reliés à des facteurs prénataux encore mal compris. En dépit des importants progrès accomplis par la médecine prénatale et périnatale au cours des dernières décennies, l'incidence de la déficience motrice cérébrale est demeurée constante.

Dans la plupart des cas de déficience motrice cérébrale, les retards moteurs se manifestent vers l'âge de 8 à 10 mois. Une latéralisation précoce peut en être le premier signe. En effet, la latéralisation (le fait d'être droitier ou gaucher) apparaît généralement vers l'âge de deux ans. C'est pourquoi une prédominance distincte de la main droite à un an peut signaler un déficit moteur du côté gauche du corps (de l'hémisphère droit du cerveau).

La déficience motrice cérébrale prend différentes formes que les neurologues, dans leur jargon, appellent paraparésie, tétraplégie, hémiparésie, forme extrapyramidale, etc. Le suffixe *-plégie* suppose une atteinte grave, tandis que le suffixe *-parésie* désigne une atteinte plus bénigne ou encore incomplète.

- La paraparésie désigne une atteinte des deux jambes, qui présentent une spasticité (c'est-à-dire des contractures musculaires survenant surtout lors de mobilisations soudaines). Les enfants atteints peuvent faire leurs premiers pas en retard et marcher sur la pointe des pieds. La paraparésie est fréquente chez les enfants nés très prématurément.

- La tétraplégie (ou quadriplégie) est une forme plus grave de déficience motrice cérébrale qui touche les quatre membres. Les enfants atteints ont une mauvaise coordination des jambes, des bras, des mains, des doigts et, dans certains cas, des muscles de la bouche qui contribuent à la parole. Beaucoup de ces enfants doivent se déplacer en fauteuil roulant. L'incidence de la déficience intellectuelle et des crises convulsives est plus élevée chez eux que chez les autres. Les évaluations qui utilisent des technologies assistées par ordinateur peuvent être d'une grande aide pour faire le suivi de ces crises.

- L'hémiparésie (ou hémiplégie) touche tout le côté droit ou tout le côté gauche du corps. Une hémiparésie gauche dénote une anomalie de l'hémisphère droit et vice versa. La plupart des cas ont une cause discernable qu'il est possible de repérer au moyen des techniques modernes d'imagerie médicale. L'atteinte varie de légère à importante. Les effets des atteintes hémisphériques sur la cognition sont moins prévisibles chez les enfants que chez les adultes, dont le système nerveux est pleinement développé. Chez les enfants, les lésions de l'hémisphère gauche (hémiparésie droite) se répercutent le plus souvent sur les habiletés verbales et l'observation des détails. Les lésions de l'hémisphère droit ont tendance à entraver le raisonnement spatial et la détection des formes, dans les images en particulier.

- L'hypotonie est une faiblesse de la tonicité musculaire. Les nourrissons qui en sont atteints paraissent « mous ». La déficience motrice cérébrale hypotonique suppose une atteinte neurologique supérieure à celle qui est associée au trouble de l'acquisition de la coordination.

- La forme extrapyramidale de la déficience motrice cérébrale consiste en une perturbation de la posture (dystonie), des mouvements involontaires, lents et incohérents (athétosiques) des bras et des jambes ou encore des mouvements involontaires, rapides et irréguliers (choréiques) des bras, du tronc, des mains et de la langue. Cette forme est beaucoup moins répandue que les autres.

Le traitement des troubles de la coordination

Une intervention précoce et multidisciplinaire peut atténuer considérablement le dysfonctionnement en exploitant la capacité de l'organisme jeune de former de nouveaux circuits neuronaux.

- Songez à l'ergothérapie pour l'enfant qui présente une atteinte de la motricité fine.
- Songez à la physiothérapie pour l'enfant qui présente une atteinte de la motricité globale.
- Traitez les troubles affectifs secondaires. Les enfants atteints de déficience motrice cérébrale sont sujets à la dévalorisation, à l'anxiété et aux troubles de l'humeur. Un grand nombre de ceux qui ont d'importantes difficultés de locomotion peuvent devenir extrêmement anxieux, en particulier dans une classe bourdonnante d'activité. En règle générale, les enfants atteints qui ont des habiletés cognitives normales prennent conscience de leur handicap au cours de leur sixième année.

Lisez aussi les sections portant sur l'utilisation d'un logiciel de traitement de texte, à la page 57, et sur le trouble de l'expression écrite, à la page 67.

La déficience intellectuelle

Le terme *déficience intellectuelle* désigne l'état d'une personne dont la plupart des étincelles se situent bien en deçà de la moyenne. Il peut certes exister des variations mais, *grosso modo,* la plupart des fonctions intellectuelles sont médiocres. Les problèmes de coordination qui l'accompagnent parfois ne font pas partie du trouble à proprement parler. Trois personnes sur 100 présentent une déficience intellectuelle. Le degré d'atteinte est léger chez la plupart d'entre elles (Szymanski et Kaplan, 2004). L'incidence de la déficience intellectuelle est plus élevée parmi les enfants atteints d'un trouble du spectre de l'autisme. Chez eux, cependant, on trouve souvent d'extrêmes variations entre les différentes habiletés cognitives.

Qu'est-ce que le QI?

La déficience intellectuelle se mesure selon le QI, c'est-à-dire le quotient intellectuel.

$$\text{QI} = \frac{\text{âge mental}}{\text{âge chronologique}} \text{ (exprimé en pourcentage)}$$

Si, par exemple, un enfant de 10 ans a le fonctionnement intellectuel d'un enfant de 6 ans, alors son QI = 6/10 = 60 % = « 60 ».

Le plus usité des tests de QI est l'Échelle d'intelligence de Wechsler (ou WISC, pour Wechsler Intelligence Scale). Le WISC-3 comprend 10 sous-tests et 1 sous-test de codage facultatif. On fait la moyenne de 5 des sous-tests pour trouver le QI verbal (QIV), et la moyenne des 5 autres pour obtenir le QI de performance (QIP). Enfin, on calcule la moyenne du QIV et du QIP pour obtenir le QI total (QIT).

Le WISC-IV, plus récent, comprend 16 sous-tests dont on tire quatre scores: compréhension verbale, raisonnement perceptif, mémoire et vitesse de traitement. Le WISC-IV est assorti de normes pour tenir compte de divers groupes d'enfants, dont ceux qui sont atteints du TDA/H, du syndrome d'Asperger, etc.

On considère comme « normal » un QI de 90 à 110, 100 constituant la moyenne parfaite pour l'âge. Le seuil de la déficience intellectuelle se situe à deux écarts-types sous la moyenne, c'est-à-dire à 70 étant donné que l'écart-type est de 15 points. Les scores compris entre 70 et 80 correspondent à la « zone limite ». La plupart du temps, une déficience intellectuelle légère se traduit par un faible rendement scolaire dans les premières années du primaire. L'évaluation et le dépistage sont essentiels pour déterminer les besoins particuliers. Les enfants présentant une déficience intellectuelle peuvent bénéficier de programmes d'insertion professionnelle au secondaire.

Les critères diagnostiques de la déficience intellectuelle

Voici, sous forme très simplifiée, les critères de la déficience intellectuelle selon le DSM :

- fonctionnement intellectuel significativement inférieur à la moyenne : QI inférieur ou égal à 70 environ ;
- déficits du fonctionnement dans de nombreux domaines ;
- début avant l'âge de 18 ans.

Le DSM-IV définit quatre degrés de gravité pour la déficience intellectuelle :

- Déficience intellectuelle légère : QI de 50-55 à environ 70. C'est le degré le plus répandu. La plupart des enfants qui présentent ce retard atteignent le niveau de la sixième année d'école à la fin de leur adolescence.
- Déficience intellectuelle moyenne : QI de 35-40 à 50-55.
- Déficience intellectuelle grave : QI de 20-25 à 35-40.
- Déficience intellectuelle profonde : QI inférieur à 20-25. Les enfants atteints présentent souvent un trouble neurologique observable qu'il est possible de diagnostiquer. On note un risque accru de crises convulsives, d'atteintes motrices, de déficits de communication ainsi que de troubles psychiatriques comme l'anxiété, les troubles de l'humeur et les psychoses.

L'éducation des enfants atteints de déficience intellectuelle

La plupart des enfants atteints de déficience intellectuelle paraissent normaux en bas âge et atteignent dans les délais prévus les étapes de l'acquisition de la motricité fine et de la motricité globale. Cependant, ils présentent un certain retard dans la compréhension des concepts verbaux ou encore une immaturité du comportement. Souvent, leur état n'est détecté qu'au moment où ils atteignent l'âge de quatre à six ans. Ils semblent alors lents à traiter l'information et moins aptes que leurs pairs à relever les défis de l'apprentissage scolaire. Tout enfant chez qui l'on soupçonne une déficience intellectuelle devrait faire l'objet de tests psychoéducatifs qui permettraient de déterminer le cheminement scolaire le plus approprié pour lui.

L'éducation des enfants présentant une déficience intellectuelle nécessite énormément d'engagement, de patience, de soutien affectif et de répétitions. Fort heureusement, nous avons assisté au cours des dernières décennies à une révolution tranquille mais bien réelle dans ce domaine. Ces enfants sont à présent pris en charge à domicile et non plus dans les établissements impersonnels où l'on « plaçait » jadis les handicapés intellectuels. Ils ont aussi accès à des services d'orthophonie, d'ergothérapie, de physiothérapie et de thérapie cognitive.

Les programmes d'intégration scolaire en vertu desquels les enfants étudient dans des classes ordinaires malgré leur handicap représentent des défis particuliers pour les enseignants comme pour les élèves. Les bénéfices de cette pratique controversée mais répandue restent à déterminer.

L'éducation des enfants atteints de déficience intellectuelle doit être axée sur l'enseignement des habiletés de la vie quotidienne. Malheureusement, un petit nombre seulement de ces enfants acquerront une totale autonomie dans la société. Ils ne pourront probablement jamais effectuer une conciliation bancaire, lire une déclaration de revenus et négocier une hypothèque. Tous, et certains plus que d'autres, auront besoin de services de soutien constants jusqu'à la fin de leur vie.

Chapitre 5

Les troubles du spectre de l'autisme

Martin L. Kutscher

> Vous venez d'avoir une idée. Fantastique! Félicitations! À présent, vous voulez peut-être partager cette idée avec moi. Si oui, votre cerveau traduit l'idée en mots. Les mots sont à leur tour convertis en vibrations qui partent de votre bouche, se propagent dans l'air et atteignent mon tympan. Les vibrations sont alors reconverties en mots puis en phrases et en idées signifiantes. Mon cerveau capte aussi les éléments de votre langage non verbal, comme l'expression de votre visage et votre ton de voix. En plus, il détecte les sous-entendus ou le « sens caché » de vos paroles. Tous ces signes se fusionnent pour produire une compréhension juste de ce que votre « moi » voulait communiquer à mon « moi ».

Dans le présent chapitre, j'utiliserai le mot *communication* au sens le plus large possible. Il me servira notamment à désigner la langue parlée, les signes non verbaux, les habiletés sociales ainsi que la capacité de recourir à l'imagination et aux représentations symboliques.

Compte tenu de la complexité du processus, il est étonnant que les êtres humains puissent communiquer. Et il n'est pas vraiment surprenant non plus que quelques aspects de la communication donnent du fil à retordre à certaines personnes. Il y a tellement de ratés possibles!

Dans un premier temps, je parlerai des habiletés qui sous-tendent la capacité de communiquer. Je traiterai ensuite des troubles qui l'entravent. Tout en faisant la synthèse d'une foule de données essentielles, je tenterai de démystifier quelques termes techniques. Prêt ? C'est parti !

Les habiletés nécessaires à la communication

Les habiletés de communication se divisent en deux grandes catégories, soit les habiletés verbales et les habiletés non verbales. Les personnes atteintes d'un trouble du spectre de l'autisme (TSA) présentent (à tout le moins) des déficits des habiletés non verbales, y compris la volonté et la capacité d'utiliser le langage dans un contexte social. Examinons donc de plus près les catégories d'habiletés de communication.

Les habiletés de communication verbale

Le langage sémantique consiste en l'utilisation et en la compréhension des mots, des propositions et des phrases, concepts abstraits et expressions idiomatiques y compris. Les habiletés nécessaires à l'utilisation littérale du langage verbal peuvent être touchées ou non par les TSA. Les habiletés nécessaires au langage sémantique sont :

- Le **langage réceptif**, c'est-à-dire la capacité de comprendre les mots et les idées émis oralement ou par écrit. C'est grâce au traitement auditif que le cerveau dégage la signification des sons et des mots. Ce processus nous permet notamment de différencier des sons voisins et de distinguer la voix principale des bruits de fond. Le traitement auditif fait l'objet du chapitre 13.
- Le **langage expressif**, c'est-à-dire la capacité d'émettre des idées à l'aide de mots présentés oralement ou par écrit, ce qui comprend la capacité d'articuler chaque mot clairement.

Les habiletés de communication non verbale

Par définition, les personnes atteintes d'un TSA ont des difficultés de communication non verbale.

Expliquons la communication non verbale au moyen d'une analogie. Imaginons qu'un enfant francophone de trois ans, qui se situe dans la norme, est parachuté en Russie. Des fermières russes (qui ne parlent pas un mot de français) le recueillent. L'enfant et les femmes sont incapables de se parler, mais ils peuvent communiquer beaucoup. L'enfant peut faire comprendre aux femmes qu'il a peur et qu'il a faim. Les femmes peuvent lui exprimer qu'il est le bienvenu et qu'elles vont s'occuper de lui. Tout cela sans un mot. La même chose se produit quand vous allez au restaurant dans un pays étranger. Tout le monde peut saisir que vous aimez ou non votre plat, même si vous ne le dites pas. Telle est la puissance de la communication non verbale.

Les habiletés de communication que possède l'enfant parachuté en terre étrangère sont justement celles qui manquent à l'enfant atteint d'un TSA. Ce sont :

- le désir d'amorcer une interaction sociale et une communication réciproque (la théorie de l'esprit) ;
- le langage pragmatique ;
- la connaissance des règles non écrites ;
- la connaissance de ce qui est important et de ce qui ne l'est pas ;
- les habiletés de jeu symbolique ;
- la capacité d'établir une attention conjointe ;
- la transmission non verbale du langage.

Le désir d'amorcer une interaction sociale et une communication réciproque (la théorie de l'esprit)

La capacité d'avoir des interactions sociales, d'entrer en relation et d'éprouver de l'empathie repose sur l'existence d'une théorie de l'esprit. La théorie de l'esprit est la capacité de l'être humain de comprendre qu'il possède un esprit, que les autres en possèdent un aussi et, surtout, que son esprit et celui de l'autre ne renferment pas nécessairement les mêmes connaissances et les mêmes sentiments. Sans une théorie de l'esprit, il ne sert pas à grand-chose de communiquer. On parvient mal à discerner qu'il y a un autre être humain dans la pièce. On n'éprouve pas vraiment le besoin de communiquer.

Avec qui communiquerait-on, en effet ? Le contact visuel est faible. Un mur de verre semble séparer la personne des autres.

Impuissant à « entrer dans votre esprit », l'enfant est peu enclin à vous témoigner de l'empathie. Il présupposera par exemple que vous êtes heureux parce que lui est heureux. Il ne comprendra pas non plus que quelqu'un puisse tricher alors que lui est toujours scrupuleusement honnête.

La capacité de reconnaître que les autres ont un esprit, la capacité d'entrer en relation avec cet esprit et la capacité d'éprouver de l'empathie envers cet esprit appartiennent toutes à la même habileté. Les déficits de la théorie de l'esprit peuvent engendrer un grand nombre des difficultés associées aux TSA.

La capacité de communiquer socialement est liée de près à cet intérêt pour la communication sociale (lui-même issu de la théorie de l'esprit). Les habiletés suivantes sont nécessaires à l'établissement d'une interaction signifiante. Il est évident que l'absence de ces habiletés fait paraître indifférent aux interactions sociales.

Le langage pragmatique

Le langage pragmatique consiste en l'utilisation du langage dans un contexte social. Il suppose notamment une connaissance des propos qu'il est approprié de tenir, de l'endroit et du moment où on peut les tenir ainsi que du caractère réciproque de la conversation. Pour utiliser le langage pragmatique efficacement, il faut posséder une théorie de l'esprit et pouvoir se faire une idée de ce que l'autre personne connaît ou ignore, de ce qui l'intéresse ou non. Voici deux exemples de situations illustrant des déficits du langage pragmatique ou de la théorie de l'esprit :

- Un enfant atteint d'un TSA s'installe dans un nouveau quartier et fait son entrée dans la classe. L'enseignant lui demande d'où il vient. L'enfant répond : « Du corridor. »
- Une enfant atteinte du syndrome d'Asperger entre dans le bureau du médecin. Celui-ci remarque que l'enfant porte une chemise rose assortie à sa veste. À la blague, il lui demande : « Est-ce que la couleur de ta veste change aussi quand tu portes une chemise verte ? » Et l'enfant répond : « J'ai une chemise turquoise dans ma garde-robe, pas de chemise verte. » Cette enfant a un langage

parlé précis, mais elle ne capte pas le sens réel de la question. Pire encore, elle ne saisit pas que la conversation n'est en réalité qu'un petit bavardage anodin destiné à amorcer une interaction.

La connaissance des règles non écrites

Il existe une myriade de normes sociales essentielles qu'il n'est pas nécessaire d'enseigner explicitement à la plupart des enfants qui se situent dans la norme. Votre mère a-t-elle été obligée de vous dire qu'il faut regarder les gens à qui l'on parle ? Votre mère a-t-elle été obligée de vous dire à quelle distance vous placer par rapport aux gens ? Votre mère a-t-elle été obligée de vous montrer à lire les expressions du visage ?

Liane Holliday Willey décrit les frustrations que lui cause le syndrome d'Asperger :

> J'ai fait vraiment de mon mieux pour être une collaboratrice aimable et gentille, mais je n'ai jamais trouvé l'astuce pour le devenir. Je ne l'ai toujours pas trouvée. Par exemple, je ne sais jamais dire combien de temps doit passer avant que je n'achète à quelqu'un que j'ai rencontré récemment un petit cadeau. [...] Dois-je vraiment parler au téléphone avec quelqu'un si je pense que la conversation est ennuyeuse ou que je perds mon temps ? S'il y a une pause dans la conversation, suis-je supposée raccrocher, raconter une blague, ou simplement attendre ? Que faire si j'apprécie bien une personne dont je ne supporte pas l'une des attitudes ou habitudes ? [...] Les questions ne s'arrêtent jamais, et les soucis me paraissent gros comme une montagne. C'est pourquoi les relations humaines me mettent d'ordinaire hors de moi. Elles m'usent (2008, p. 53-54).

Voici un repère facile. Chaque fois que vous direz ou penserez : « Je ne devrais pas avoir à te dire ça... », dites-vous que vous venez peut-être d'observer un symptôme d'un TSA.

La connaissance de ce qui est important et de ce qui ne l'est pas

L'habileté qui consiste à savoir ce qui est important et ce qui ne l'est pas recouvre :

- la capacité de voir l'ensemble plutôt que de s'attacher aux détails ;
- la capacité de s'intéresser à divers sujets.

L'aptitude au jeu symbolique

Donnez à un enfant une boîte rectangulaire jaune munie de roues et ornée de longues rayures noires. La capacité de comprendre que cet objet représente un autobus scolaire demande de saisir le lien entre un objet et un symbole. Comme le souligne l'orthophoniste Elaine Schneider (échange verbal, 2005), comment voulez-vous qu'un enfant reconnaisse que les lettres A-U-T-O-B-U-S forment un mot servant à désigner un autobus alors qu'il ne voit même pas qu'un autobus jouet représente un vrai autobus? Dans les deux cas, la communication repose sur des symboles plutôt que sur l'objet réel.

À l'âge de 18 mois, la plupart des enfants commencent à utiliser des objets pour représenter autre chose. Une tasse sert à boire, par exemple, mais peut aussi devenir un amusant téléphone. À trois ans, la plupart des enfants sont plutôt doués pour les jeux qui consistent à «faire semblant»: «C'est toi le cow-boy!» L'intérêt de l'autobus jouet ne réside pas dans le fait qu'une boîte de métal froid puisse se déplacer, mais dans le fait que les petites figurines bavardent entre elles en se rendant à l'école dans cet autobus. Les animaux en peluche ne sont pas que de chaudes guenilles qu'on peut traîner partout. Il semble que ce soit des créatures vivantes qui ont des sentiments et qu'il faut nourrir, habiller et cajoler.

Entre 18 et 36 mois, les enfants qui se situent dans la norme développent continuellement leur aptitude à appréhender la valeur symbolique d'un jouet plutôt que de se centrer sur ses attributs physiques immédiats. La non-acquisition du jeu symbolique constitue un marqueur important des TSA.

La capacité d'établir une attention conjointe

Une impressionnante limousine passe dans la rue. L'enfant, tout excité, la montre du doigt afin que vous puissiez partager l'expérience avec lui. Cette importante forme de communication sociale (le fait de partager une même expérience) est appelée attention conjointe. Notez bien que l'enfant ne montre pas l'objet du doigt afin que vous lui serviez d'outil, comme lorsqu'il désigne le réfrigérateur pour que vous étanchiez sa soif de lait. Le retard du développement de l'aptitude à solliciter l'attention conjointe peut signaler un TSA avant même que le retard de langage n'apparaisse.

La transmission non verbale du langage

Je n'émets pas que des sons quand je tente de communiquer avec vous. Je transmets également :

- une mimique faciale ;
- un langage corporel ;
- un ton de voix et une prosodie (rythme du langage).

Les conséquences de l'incompréhension

L'enfant qui ne comprend pas ce qui se passe autour de lui (surtout s'il capte mal les indices pragmatiques et sociaux) semblera fréquemment :

- **anxieux,** puisqu'il ne sait pas ce qu'il est censé faire ni quand il commettra sa prochaine gaffe ;
- **rechercher l'uniformité et présenter un comportement ritualisé.** Tout changement implique que les stratégies si durement acquises ne serviront à rien dans la nouvelle situation. L'enfant marche sur une corde raide. Le moindre souffle peut le précipiter dans le vide. Julie sait peut-être que sa première tâche de la journée est de sortir son lunch de son sac à dos. Mais qu'est-ce qui arrive s'il s'agit d'une demi-journée d'école et qu'il n'y a pas de lunch dans le sac à dos ? Que faire ? Voilà Julie déboussolée pour le reste de la journée ;
- **inattentif,** puisqu'il ne comprend pas ce qu'on lui propose ;
- **impoli,** puisqu'il ne comprend pas les règles de la conversation, celle qui dicte d'attendre son tour pour parler par exemple ;
- **s'intéresser davantage aux objets qu'aux gens,** puisque les objets sont plus prévisibles ;
- **s'isoler de ses pairs,** pour toutes les raisons ci-dessus et aussi parce qu'il ne sait ni faire la conversation ni entrer en relation avec les autres ;
- « **être dans le champ** » et « bizarre » ;
- **rejeté socialement,** ce qui peut devenir douloureux, surtout quand l'enfant grandit. Comme le dit Holliday Willey : « Choisir d'être à l'écart est une chose, mais être refoulée en est une autre »

(2008, p.40). « J'étais estropiée quand j'ai découvert que, pour avoir de nouveaux amis, il fallait donner plus que ce que j'avais » (2008, p.46).

Les catégories de troubles de la communication

On peut conclure qu'un enfant a un trouble de la communication quand il présente les difficultés précédentes, malgré ses bonnes aptitudes cognitives générales (un écart important existe entre ses aptitudes communicationnelles et intellectuelles).

Les diverses associations et divers degrés de ces difficultés déterminent plusieurs troubles de la communication. Ces troubles peuvent se chevaucher considérablement. Certains portent des noms différents selon les disciplines qui les étudient. Le diagnostic peut même changer à mesure que l'enfant grandit. Le cerveau humain est si complexe qu'il est presque impossible de faire cadrer ces troubles dans des catégories nettes et immuables. Je tenterai néanmoins de dégager certaines constantes, car nous devons connaître tout l'éventail des troubles afin de pouvoir rechercher les symptômes qu'il est important de traiter.

Les troubles de la communication se répartissent en deux grandes catégories :

- **Les troubles d'apprentissage reliés au langage.** Ce sont les déficits limités à la communication parlée ou écrite. Ils concernent la réception, l'expression, le traitement et l'articulation. La plupart des évaluations courantes de la parole et du langage portent sur ces éléments. Notez que les tests psychologiques usuels (comme l'Échelle d'intelligence de Wechsler) portent sur la cognition (la pensée) plutôt que sur le langage au sens strict.
- **Les troubles du spectre de l'autisme.** Ce sont des déficits de la communication non verbale et en particulier des interactions sociales et de l'empathie. Autrement dit, tous les TSA ont en commun une perturbation de la théorie de l'esprit, des interactions sociales, du langage pragmatique etz du jeu symbolique. Ils peuvent être accompagnés ou non de troubles du langage verbal.

Les TSA se subdivisent à leur tour en deux groupes :

- les troubles envahissants du développement ;
- les autres troubles du spectre de l'autisme.

Les troubles envahissants du développement (TED) sont au nombre de cinq, selon le DSM-IV. L'autisme est probablement celui dont on entend le plus souvent parler. L'adjectif « envahissant » signifie que le problème entrave plusieurs types de communication. Les cinq TED sont :

- le trouble autistique (communément appelé « autisme »). L'altération du langage verbal et non verbal est très importante et s'accompagne de comportements inhabituels ;
- le syndrome d'Asperger. L'altération du langage verbal est faible et celle du langage non verbal est légère, les champs d'intérêt et les interactions sociales sont limités ;
- le trouble envahissant du développement non spécifié. L'altération du langage non verbal ne répond pas complètement aux critères diagnostiques des autres TED ;
- le syndrome de Rett, une maladie neurodégénérative rare qui atteint les filles ;
- le trouble désintégratif de l'enfance, un trouble rare qu'il est important de bien distinguer d'une maladie neurodégénérative.

Alors que l'American Psychiatric Association (APA) se limite à ces cinq troubles, plusieurs professionnels y ajoutent les autres troubles du spectre de l'autisme. On présume que l'APA les range dans la catégorie des troubles envahissants du développement non spécifiés. Les troubles en question sont :

- l'autisme de haut niveau. Certains auteurs emploient ce terme comme un synonyme de syndrome d'Asperger, tandis que d'autres l'utilisent pour désigner une forme légère d'autisme sans retard mental ;
- le syndrome des dysfonctions non verbales (SDNV). Ce trouble se caractérise par des déficits de l'intégration de l'information dans trois sphères : le langage non verbal, la perception spatiale et la coordination ;

- l'hyperlexie. Ce trouble, qui apparaît presque toujours avec un autre trouble, se caractérise par une phénoménale aptitude à la lecture apparaissant en bas âge.

Il est également à noter que l'impulsivité et le manque de maîtrise de soi associés au trouble du déficit de l'attention/hyperactivité (TDA/H) peuvent entraver la capacité de manifester de l'empathie. Le tableau 5.1 (*page 93*) donne un aperçu des principaux troubles de la communication est des difficultés qui y sont associés.

Les troubles envahissants du développement selon le DSM-IV

Voyons maintenant quels sont les principaux critères diagnostiques de chacun des TED selon le DSM-IV (APA, 1994).

Le trouble autistique

Selon le DSM-IV, le diagnostic de trouble autistique doit reposer sur les critères suivants:

- Une altération des interactions sociales. La communication non verbale, et en particulier le langage corporel, le contact visuel et la mimique faciale, présente d'importantes anomalies. L'enfant est incapable d'établir des relations avec ses pairs et manque d'empathie. Il ne cherche pas à partager ses champs d'intérêt ou ses réussites en montrant les objets ou en les apportant aux autres en vue de recevoir des compliments.

- Une altération de la communication. Les déficiences du langage parlé sont importantes (et ne sont pas compensées par des gestes). S'il parle, l'enfant a du mal à engager ou à soutenir une conversation. Son langage a tendance à être stéréotypé ou répétitif. L'enfant ne communique pas par l'entremise du jeu d'imagination ou d'imitation.

- Une restriction marquée des activités et des champs d'intérêt. L'enfant manifeste une fascination excessive envers un objet ou une préoccupation persistante pour certaines parties d'un objet. Le plus souvent, l'enfant est inflexible et présente des comportements ritualisés, y compris des mouvements stéréotypés comme se bercer et agiter les bras.

Parmi les autres critères diagnostiques, on trouve une apparition avant l'âge de trois ans de perturbations dans au moins une des sphères suivants: le jeu d'imagination ou d'imitation, les interactions sociales et le langage pragmatique.

Le syndrome d'Asperger

Les symptômes du syndrome d'Asperger sont:

- une altération de la capacité d'utiliser les indices sociaux comme le langage corporel ou le ton de la voix;
- une altération de la capacité de comprendre l'ironie ou les autres « sous-entendus » de la communication;
- une pensée « concrète »;
- une restriction des contacts visuels et des interactions sociales;
- une attitude distante ou solitaire;
- un répertoire de champs d'intérêt restreint;
- une élocution formalisée, confuse et monotone;
- des comportements répétitifs bizarres;
- une hypersensibilité à certains stimuli;
- des mouvements inhabituels.

Dans le DSM-IV, les critères diagnostiques du syndrome d'Asperger sont semblables à ceux de l'autisme, sauf pour ce qui est de la communication. En d'autres termes, les personnes atteintes du syndrome d'Asperger sont des personnes autistes qui parlent bien. Précisons cependant que même si le langage verbal demeure intact, d'autres aspects de la communication sont compromis.

Vous pouvez entendre l'enregistrement de deux enfants atteints du syndrome d'Asperger dans le site Web www.pediatricneurology.com/aspergers_sound.htm (en anglais).

Nous reviendrons en détail sur le syndrome d'Asperger au chapitre suivant.

Le trouble envahissant du développement non spécifié

On porte le diagnostic de trouble envahissant du développement non spécifié en présence d'un enfant atteint d'un TSA qui ne cadre pas complètement dans l'une des autres catégories.

Le syndrome de Rett

Le syndrome de Rett est une maladie neurodégénérative qui atteint les filles. Le développement initial est normal, puis on observe une perte marquée des compétences acquises et de la socialisation, une décélération de la croissance crânienne ainsi que des mouvements de torsion des mains.

Le trouble désintégratif de l'enfance

Les enfants atteints du trouble désintégratif de l'enfance se développent normalement pendant les deux premières années de leur vie au moins. Ensuite, leur état se détériore au point de répondre aux critères du trouble autistique. On observe aussi une régression du langage, des habiletés motrices, des compétences sociales, du jeu et de la maîtrise des sphincters. Il faut procéder à des examens minutieux chez les enfants atteints afin de détecter la présence d'une éventuelle maladie neurodégénérative.

Les autres troubles du spectre de l'autisme

Étudions maintenant les troubles du spectre de l'autisme dont le DSM-IV ne fait pas état.

L'autisme de haut niveau

Selon certains auteurs, le terme *autisme de haut niveau* est synonyme de *syndrome d'Asperger.* Selon d'autres, il désigne simplement une forme légère d'autisme. Étant donné qu'il n'existe pas de consensus autour de la signification de ce terme, il vaut probablement mieux ne pas l'employer.

Le syndrome des dysfonctions non verbales

Le SDNV, aussi appelé trouble d'apprentissage de type non verbal, se manifeste par un ensemble de symptômes que l'on croit reliés à une faible capacité d'intégrer l'information (une tâche habituellement accomplie par l'hémisphère cérébral non dominant, soit le droit chez la majorité des gens). Les enfants atteints voient les détails mais pas l'ensemble. Autrement dit, les arbres leur cachent la forêt. Le langage verbal est épargné, mais la communication non verbale peut être considérablement perturbée.

La communication verbale (expression orale, lecture et écriture) est fortement valorisée à l'école. Pourtant, la communication s'accomplit en grande partie (jusqu'aux deux tiers) non verbalement (Thompson, 1996). Aussi le SDNV peut-il se révéler plus catastrophique que les troubles d'apprentissage classiques. Aux États-Unis, on estime que le SDNV touche de 0,1 % à 1 % de la population, contre 10 % pour les troubles d'apprentissage (Thompson, 1996). Notons cependant que ces chiffres peuvent varier selon les personnes qui administrent les tests et les méthodes qu'elles emploient.

Les difficultés d'intégration de l'information non verbale se manifestent dans trois sphères :

- **Les habiletés motrices :**
  - La motricité globale : l'enfant est maladroit, il perd l'équilibre en marchant et se raccroche aux objets, il se heurte aux objets, il a peur de grimper, il hésite à explorer physiquement l'espace, il a du mal à aller à bicyclette et il manque de coordination dans les sports.
  - La motricité fine : l'enfant a de la difficulté à manier des ciseaux, à attacher ses chaussures (il doit consciemment s'expliquer le processus) et il écrit mal (en tenant le crayon de manière ferme et inhabituelle).
- **L'orientation visuelle et spatiale et la formation d'images mentales :**
  - L'enfant, par voie de conséquence, s'attache aux détails plutôt qu'à l'ensemble.
  - L'enfant étiquette verbalement tous les objets puisqu'il n'a pas d'autre moyen de traiter l'information spatiale et visuelle. Par exemple, il peut retrouver son chemin vers son domicile en comptant les maisons et en nommant tous les points de repère.
  - L'enfant tolère mal le changement puisque ses stratégies deviennent alors inopérantes.
  - L'enfant n'a pas conscience de sa position dans l'espace, ne sait pas où inscrire ses réponses sur une feuille d'exercice et ne trouve pas son chemin vers l'école.
- **Les interactions sociales et la communication :**
  - L'enfant a de la difficulté à intégrer communication non verbale et communication verbale afin d'établir des interactions sociales.

- L'enfant aspire visiblement à l'acceptation sociale.
- L'enfant interprète les autres de manière très littérale ; il a une pensée concrète, voit le monde en noir et blanc et ne comprend pas la malhonnêteté ; il ne décode pas les sous-entendus ; il ne peut que répondre par la négative quand quelqu'un lui lance : « Tu sais bien ce que je voulais dire ! »
- L'enfant ne décode pas les signaux sociaux d'une conversation réciproque ; par conséquent, il paraît égocentrique, bizarre ou impoli.
- L'enfant est souvent qualifié d'agaçant, en raison de sa dépendance, de son bavardage incessant et de ses interprétations erronées des indices sociaux.

Les symptômes du SDNV peuvent se modifier à mesure que l'enfant grandit.

- **La petite enfance :**
  - L'enfant manque de coordination (motricité globale et motricité fine).
  - L'enfant éprouve des difficultés face aux interactions sociales, aux signes non verbaux (comme la mimique d'un pair qui en a assez) et aux changements. Il peut paraître « désorienté ».
  - Considérez comme un signal d'alarme le fait que vous deviez toujours dire à l'enfant : « Je ne devrais pas avoir à te dire ça ! » Avec un enfant semblable, vous n'avez pas le choix, vous devez toujours le dire. C'est ce qui vous indique que quelque chose ne va pas.
  - L'enfant s'oriente mal dans l'espace.
- **L'âge préscolaire :**
  - L'enfant emmagasine « par cœur » les mots, les souvenirs et les habiletés de lecture. Il compense ainsi son absence d'intuition en matière d'interactions sociales. Puisque l'aptitude à interagir ne lui vient pas spontanément, il essaie de « mémoriser » la façon de faire.
  - L'enfant a des tournures ampoulées et d'exceptionnelles aptitudes en lecture, ce qui peut être interprété comme de la préciosité.

- L'enfant se livre à des monologues maladroits plutôt qu'à des conversations réciproques typiques.

- **L'âge scolaire :**
  - À la fin du primaire, l'enfant éprouve des difficultés en matière d'organisation, d'inférence en lecture et de production écrite.
  - L'enfant maîtrise mieux les tables d'arithmétique que les concepts mathématiques.
  - En règle générale, le quotient intellectuel (QI) de performance est inférieur au QI verbal.
  - L'enfant persiste à se focaliser sur les détails au lieu d'aborder l'ensemble.
  - L'enfant fait gaffe sur gaffe dans ses interactions sociales, mais il ne se les explique pas.
  - L'enfant peut souffrir de dépression ou d'anxiété secondaires.

Le SDNV se diagnostique au moyen de tests neuropsychologiques, tandis que le syndrome d'Asperger se détecte par l'observation et l'étude détaillée des antécédents. Le chevauchement que l'on constate souvent entre les deux troubles peut être dû à un phénomène de comorbidité ou, comme le pensent certains auteurs, à une confusion des termes. Autrement dit, le trouble reste le même, mais porte des noms différents selon les disciplines. Toutefois, les personnes atteintes du syndrome d'Asperger ont pour caractéristique de paraître indifférentes aux rapports humains. (Les spécialistes ne s'entendent pas sur le degré de conscience qu'ont les enfants de leur difficulté à interagir. Il n'en reste pas moins qu'ils semblent généralement indifférents.) Les enfants atteints du SDNV, quant à eux, semblent généralement s'intéresser aux rapports humains, même si certains ne savent absolument pas comment s'y prendre pour en établir. Par ailleurs, l'altération du jeu symbolique est plus prononcée chez les enfants atteints du syndrome d'Asperger que chez les enfants atteints du SDNV.

J'oserai une autre simplification pour terminer. Les enfants atteints du SDNV reconnaissent votre existence, mais ne captent pas le sous-texte de vos propos. Les enfants atteints du syndrome d'Asperger semblent séparés de vous par une fenêtre et ne décodent pas, eux non plus, vos sous-entendus.

L'hyperlexie

L'hyperlexie est un trouble qui atteint presque seulement des garçons. Elle se manifeste par des symptômes des TSA et par une étonnante aptitude à la lecture par cœur. Dès l'âge de 18 à 24 mois, l'enfant présentant ce trouble a appris tout seul à nommer les lettres et les chiffres. À trois ans, il lit mieux qu'il parle. À cinq ans, il est fasciné par les mots imprimés. Certains enfants semblent régresser légèrement entre 18 et 24 mois (mais de manière moins prononcée que les enfants autistes).

Comme je l'ai indiqué précédemment, l'enfant atteint d'hyperlexie présente également des symptômes des TSA qui touchent:

- **le langage:**
  - l'enfant a de bonnes aptitudes en ce qui a trait au langage par cœur ou en écho,
  - il a de la difficulté à traduire les mots en idées,
  - il a un langage répétitif et propre à lui,
  - il a des difficultés en matière de langage pragmatique,
  - il a une prosodie inhabituelle;
- **les interactions sociales:**
  - voir la section intitulée «Les conséquences» à la page 81,
  - l'enfant a des comportements stéréotypés et ritualisés,
  - il est anxieux,
  - il a du mal à se faire des amis.

Je me suis appuyé pour cette description sur un article de Phyllis Kupperman et ses collègues, du Center for Speech and Language Disorders (Kupperman *et al.*, en ligne).

Le TDA/H?

La plupart des enfants atteints du TDA/H sont capables d'empathie, mais ils peinent à inhiber leur comportement assez longtemps pour en témoigner. De leur côté, beaucoup d'enfants atteints d'un TSA semblent avoir une courte durée d'attention, mais c'est peut-être parce qu'ils sont incapables de demeurer concentrés sur les situations qu'ils ne comprennent pas. Bien entendu, le TDA/H et les TSA sont souvent associés.

Il vaut probablement mieux éviter de considérer le TDA/H comme un des TSA et se contenter de dire qu'il a certains symptômes en commun avec eux, dont :

- Un déficit du décodage des signaux sociaux. « Sébastien, tu es tellement maladroit ! Tu ne vois pas que les autres enfants te trouvent bizarre ? »
- Un déficit de la capacité de s'expliquer un problème à soi-même. « À quoi pensais-tu, Sébastien ? Y as-tu déjà réfléchi ? »
- Un déficit de la conscience de soi. Sébastien répondrait probablement comme suit à la dernière question : « Je n'en ai pas la moindre idée. Je suppose que je ne pensais pas. »
- Une amélioration du rendement dans un contexte prévisible.
- Un déficit de la capacité de généraliser les règles. « Sébastien, je t'ai dit de serrer la main de tes enseignants. Pourquoi n'as-tu pas serré la main de la directrice ? »

Conclusion (enfin !)

La classification des TSA n'a rien de statique. Les problèmes peuvent se chevaucher, être la cause de l'un et l'autre, s'associer de diverses manières et selon divers degrés de gravité, et évoluer au fil du temps. Il n'existe même pas de classification « officielle » pour tous les troubles du spectre.

Il n'en reste pas moins que nous devons connaître tous les syndromes possibles, faute de quoi nous continuerons de classifier les enfants atteints dans une ou deux catégories. Nous devons surtout connaître l'éventail entier des TSA afin de dépister chacun des symptômes qui dictent un traitement.

C'est pourquoi je propose ici quelques simplifications, non sans hésiter. Je me rappelle en effet la mise en garde qu'a lancée l'un des professeurs lors de ma première journée à la faculté de médecine : « Le tiers de ce que je vais vous dire cette année est faux. Malheureusement, je ne sais pas de quel tiers il s'agit. »

- Les TSA se caractérisent par des déficits de la communication et des interactions sociales n'affectant pas la compréhension du sens littéral des mots.
- Dès qu'un enfant a du mal à se faire une idée juste de la communication et des interactions sociales, il est sujet à des symptômes secondaires : il est anxieux, il s'isole de ses pairs, il recherche l'uniformité de manière acharnée, il préfère les objets (prévisibles) aux personnes et il paraît « bizarre ».
- Le principal point commun entre l'enfant atteint du syndrome d'Asperger et l'enfant autiste est la perturbation de la théorie de l'esprit, c'est-à-dire de la capacité de reconnaître l'existence des autres. Le premier est capable de parler, tandis que le second n'a habituellement qu'une aptitude limitée au langage.
- Par rapport à l'enfant atteint du SDNV, l'enfant atteint du syndrome d'Asperger paraît moins enclin à tisser des liens et éprouve plus de difficulté sur le plan de la théorie de l'esprit.
- L'enfant atteint du SDNV a des difficultés en matière d'intégration du langage pragmatique, d'orientation spatiale et de coordination motrice.
- L'hyperlexie se caractérise par une fascination pour le mot imprimé apparaissant en bas âge.
- Certains auteurs emploient le terme *autisme de haut niveau* pour désigner un trouble autistique avec une atteinte relativement faible du langage et de la cognition, le syndrome d'Asperger ou le trouble envahissant du développement non spécifié.

Les TSA comme le syndrome d'Asperger ont une tendance marquée à apparaître conjointement avec d'autres troubles, dont le TDA/H, le trouble obsessionnel-compulsif et les troubles de l'intégration sensorielle.

Tableau 5.1 Les principaux troubles de la communication (aperçu très schématique)

Éléments problématiques	Troubles d'apprentissage et de langage classiques	Hyperlexie	Syndrome des dysfonctions non verbales	Syndrome d'Asperger	Trouble autistique
Langage sémantique (langage littéral verbal et écrit)	++++	0	0	0	++++
Acquisition du langage verbal	+++	0 ou +++	0	0	++++
Langage pragmatique (« Quelle est la véritable raison d'être de cette conversation ? »)	0	+++	+++	++++	++++
Théorie de l'esprit, interactions sociales, empathie	0	+	+	++++	++++
Contact visuel	0	+	+	++++	++++
Champ d'intérêt restreint ou stéréotypé	0	++	++	+++	++++
Indifférence apparente devant la formation d'amitiés	0	+	+	++++	++++
Jeu symbolique	0	+	+	++++	++++
Orientation spatiale	0 (+++ pour ce qui est des troubles d'apprentissage perceptif)		++++	+	Variable
Fascination à l'égard du mot écrit	0	++++	0	0	0
Motricité fine et motricité globale	0	Variable	++++	+	+

Légende :
0 : peu problématique
+ : légèrement problématique en général
++ : problématique en général
+++ : très problématique en général
++++ : extrêmement problématique en général

Chapitre 6

Le syndrome d'Asperger et son traitement

Tony Attwood

Le cerveau de l'enfant atteint du syndrome d'Asperger est différent et non défectueux. Pour l'enfant, la poursuite de la connaissance, de la perfection, de la vérité et de la compréhension du monde physique prime les sentiments et les expériences interpersonnelles. Cela peut lui conférer des talents précieux, mais aussi le rendre vulnérable dans la société.

Pour une introduction au syndrome d'Asperger, reportez-vous au chapitre précédent.

L'adaptation à la différence

L'enfant atteint d'un trouble du développement comme le syndrome d'Asperger est par définition différent des autres. Ses parents et les professionnels de la santé qui s'occupent de lui parviennent un jour ou l'autre au diagnostic qui correspond à son profil particulier d'habiletés. Entre-temps, l'enfant se sera aussi rendu compte qu'il est différent. Il pourra alors intérioriser ou extérioriser sa réaction émotionnelle à cette différence.

L'intériorisation des pensées et des sentiments

La dépression

L'enfant atteint du syndrome d'Asperger n'a pas de connaissance intuitive de la manière de jouer ou d'interagir avec ses pairs. Il peut faire l'objet de moqueries et de rejet, et son estime de soi risque d'en souffrir. Les enfants qui se situent dans la norme valorisent beaucoup la compétence sociale et l'aptitude à se faire des amis. Aussi, certains enfants atteints du syndrome d'Asperger sont enclins à intérioriser leurs pensées et leurs sentiments par l'autocritique et le retrait social. La découverte de leur différence peut engendrer chez eux une dépression réactionnelle, et ce, dès l'âge de six ans.

L'imagination

L'évasion dans un monde imaginaire peut constituer une stratégie plus constructive d'intériorisation des pensées et des sentiments. L'enfant se construit un univers riche et complexe, parfois peuplé d'amis fictifs. Dans ce monde fantastique, l'enfant a du succès : il se fait des amis et réussit à l'école. La pensée imaginative peut faire naître en lui un vif intérêt pour la lecture et l'écriture de fiction. Bien que potentiellement constructif sur le plan psychologique, ce moyen d'adaptation n'est pas sans risque. Au fil du temps, en effet, il peut prendre le pas sur toutes les autres activités et entraîner chez les autres une interprétation erronée des intentions et des états d'esprit de l'adolescent.

L'extériorisation des pensées et des sentiments

La colère et l'arrogance

L'enfant peut aussi extérioriser ses pensées et ses sentiments négatifs face à sa différence : « Ce n'est pas ma faute, c'est la tienne. » Il peut surcompenser son incompétence sociale en niant totalement ses problèmes et en cédant à la colère et à l'arrogance. Il peut dans ce cas rejeter avec véhémence les programmes d'orthopédagogie ou les thérapies qu'on lui propose. L'arrogance peut perturber ses conduites. En effet, l'arrogance, le déni et le déficit d'empathie associés au syndrome d'Asperger peuvent pousser l'enfant à riposter physiquement à la gêne sociale pour trouver résolution et réparation.

L'imitation

Pour extérioriser ses pensées et ses sentiments, l'enfant dispose d'un moyen plus constructif: observer et imiter les caractéristiques de ceux qui réussissent socialement. L'enfant apprend comment agir dans les situations sociales en devenant un autre. Certains sont de fins observateurs: ils copient très fidèlement les gestes, les tons de voix et les manières d'être. C'est là un moyen utile de parvenir à l'acceptation sociale, à condition que l'enfant se choisisse un modèle approprié. Il arrive malheureusement que l'adolescent atteint du syndrome d'Asperger se fasse l'émule d'élèves populaires mais peu recommandables.

Faut-il expliquer le diagnostic à l'enfant?

Oui, sans contredit. L'expérience clinique indique qu'il est extrêmement important d'expliquer le diagnostic à l'enfant atteint du syndrome d'Asperger. La démarche incite l'enfant à accepter les programmes thérapeutiques et concourt à prévenir l'apparition de mécanismes de compensation inadéquats.

La liste des attributs

Pour faciliter l'explication du diagnostic à l'enfant et à sa famille, j'ai mis au point une activité que j'ai appelée la liste des attributs. Le clinicien réunit les membres de la famille, l'enfant y compris. Il appose de grandes feuilles de papier sur le mur ou se munit d'un grand tableau blanc et de feutres de couleur. Il divise chaque feuille en deux colonnes: celle des qualités et celle des difficultés. Je suggère toujours que la première personne à prendre la parole soit un membre de la famille autre que l'enfant. La personne commence alors à énumérer ses propres qualités et difficultés. Il peut s'agir d'habiletés pratiques, de connaissances, de traits de personnalité ou de la façon de gérer et d'exprimer ses sentiments. Le clinicien inscrit les attributs de la personne et invite les autres à enrichir la liste. Il commente les divers attributs et s'assure que la liste des qualités est plus longue que celle des difficultés. L'enfant atteint du syndrome d'Asperger observe l'activité, y participe et voit ce qu'il devra faire lorsque son tour sera venu.

Le clinicien commente chacun des attributs cités par l'enfant. Il explique à la famille que les scientifiques aiment beaucoup trouver des tendances et que, dès qu'ils en dénichent une, ils lui donnent un nom. Le clinicien parle alors du Dr Hans Asperger, qui rencontrait dans sa clinique de Vienne beaucoup d'enfants qui avaient des caractéristiques semblables il y a plus de 60 ans. C'est lui qui a publié la première description clinique d'une façon d'être qui allait porter le nom de syndrome d'Asperger.

Le clinicien dit alors à l'enfant: «Bravo, tu as le syndrome d'Asperger!» Il poursuit en expliquant à l'enfant qu'il n'est ni fou, ni mauvais, ni idiot, mais qu'il a une manière différente de penser. Il établit ensuite le lien entre les talents et les qualités de l'enfant et le syndrome. Il souligne par exemple ses connaissances phénoménales sur le *Titanic,* sa capacité de dessiner avec un réalisme photographique et son talent naturel pour la mathématique. Il fait ainsi ressortir les bénéfices du syndrome d'Asperger.

À l'étape suivante, le clinicien aborde les difficultés de l'enfant de même que les stratégies dont il a besoin pour acquérir certaines habiletés à la maison et à l'école. Il peut présenter les avantages du soutien aux aptitudes sociales, de la thérapie cognitivo-comportementale et des médicaments qui facilitent la gestion des émotions. Il peut lui proposer des astuces pour se faire des amis. Le clinicien donne un aperçu des qualités et des difficultés reliées au syndrome d'Asperger. Il nomme des gens qui ont réussi dans les domaines des sciences, des technologies de l'information, de la politique et des arts grâce à des traits propres au syndrome d'Asperger: Einstein, Jefferson et Mozart par exemple.

Pour ma part, je clos l'activité en faisant part à la famille de mes propres idées sur les personnes atteintes du syndrome d'Asperger. Je dis notamment qu'elles ont des priorités, des perceptions du monde et des manières de penser différentes. J'ajoute que leur cerveau est différent et non défectueux. Je mentionne que, pour elles, la poursuite de la connaissance, de la perfection, de la vérité et de la compréhension du monde physique prime les sentiments et les expériences interpersonnelles. Je termine en disant que cela peut leur conférer des talents précieux, mais aussi les rendre vulnérables dans la société.

Se faire des amis : motivation et encouragement

Les cinq stades de la formation d'amitiés

Après avoir observé le développement social de plus de mille enfants et adultes atteints du syndrome d'Asperger, j'ai constaté que le cheminement vers la formation de relations interpersonnelles comporte cinq étapes chez ces personnes :

- un intérêt pour le monde physique ;
- le désir de jouer avec des amis ;
- la formation d'amitiés ;
- la recherche de l'amour ;
- le maintien de la relation.

Un intérêt pour le monde physique

Le jeune enfant atteint du syndrome d'Asperger ne s'intéresse pas aux activités de ses pairs. Il cherche généralement à comprendre le monde physique plutôt que le monde social ; s'il entre dans l'aire de jeu de la maternelle, c'est pour étudier le système de drainage ou pour chercher des insectes et des reptiles. Les activités de ses pairs, régies par des règles sociales incompréhensibles, lui paraissent ennuyeuses. Cet enfant se satisfait de la solitude.

Le désir de jouer avec des amis

Au cours des premières années d'école, l'enfant atteint du syndrome d'Asperger constate que les autres s'amusent en groupe et il désire participer aux activités sociales. Cependant, il a au point de vue de la maturité sociale (et non intellectuelle) au moins deux ans de retard sur ses pairs, si bien que le jeu réciproque et coopératif lui pose des difficultés. Il aspire à l'acceptation, à la popularité et à l'amitié, parfois au moment même où il prend conscience de sa différence. C'est alors qu'il peut mettre en œuvre les moyens d'adaptation décrits précédemment.

La formation d'amitiés

Au deuxième cycle du primaire, l'enfant peut former d'authentiques amitiés. Il arrive cependant que ses relations soient de courte durée, car l'enfant peut se révéler trop dominant ou entretenir une conception excessivement rigide de l'amitié. En revanche, il peut se lier avec des enfants typiques qui ont une nature aimable, compréhensive et « maternelle ». Il peut aussi se rapprocher d'enfants semblables à lui, isolés eux aussi, qui partagent ses centres d'intérêt.

La recherche de l'amour

À la fin de l'adolescence, le jeune atteint du syndrome d'Asperger aspire à plus qu'une amitié platonique avec des personnes qui lui ressemblent. Il peut être désorienté par les nouvelles dimensions des amitiés adolescentes, et en particulier par la révélation de soi et la sexualité. Il n'est que trop conscient de sa différence et il a besoin d'amour plus que d'amitié. Il recherche une personne qui puisse le comprendre, le guider et le soutenir dans le monde social, une personne qui le « materne ».

Le maintien de la relation

Avec le temps, et à mesure que croît sa maturité affective et sociale, l'adulte atteint du syndrome d'Asperger peut former un couple stable. Les deux conjoints, cependant, auront probablement besoin de soutien professionnel pour mieux vivre leur relation. De nos jours, les couples dont l'un des conjoints est atteint du syndrome d'Asperger ont accès à de la documentation et à des programmes de soutien.

Les services de thérapie visant le développement de l'aptitude à l'amitié en sont encore à leurs débuts. Certes, les parents peuvent apporter du soutien à l'enfant à la maison, mais les écoles devront aussi faire leur part et consacrer les ressources humaines et matérielles nécessaires au soutien de son développement social et en particulier de son apprentissage des aptitudes à l'amitié. Voici du reste quelques conseils à ce propos, classés selon les stades de la formation des relations interpersonnelles.

De trois à six ans

Un adulte comme ami

Le très jeune enfant atteint du syndrome d'Asperger préfère parfois interagir et jouer avec des adultes plutôt qu'avec ses pairs. Il est important que les adultes, les parents en particulier, observent le jeu spontané des pairs de l'enfant et prennent note du matériel, des règles et du langage utilisés. Ils peuvent ensuite s'adonner au même type de jeu avec l'enfant en faisant comme s'ils étaient des amis de son âge, y compris en parlant à leur manière. L'adulte doit non seulement jouer le rôle d'un bon ami, mais aussi manifester des conduites inamicales comme s'opposer à l'enfant et le taquiner. Il donne ainsi à l'enfant un aperçu de toute la gamme des comportements sociaux possibles. Une fois que l'enfant se sera exercé avec un adulte capable de moduler le rythme et le contenu du jeu, il pourra faire une tentative avec un autre enfant. Outre un adulte, un frère ou une sœur de l'enfant peut jouer le rôle de l'ami et lui donner des occasions de s'exercer avant qu'il ne mette ses habiletés en pratique dans son groupe de pairs.

Au cours de la petite enfance, un bon ami est une personne qui sait partager, attendre son tour et aider. Quand vous jouerez avec l'enfant, adonnez-vous à des activités qui supposent un degré équivalent d'aptitudes et choisissez les jeux de concert. Préférez les activités coopératives aux activités compétitives. Insistez sur l'alternance des tours dans le jeu interactif et proposez par exemple à l'enfant de trouver et de placer tour à tour les pièces d'un casse-tête. Pour inciter l'enfant à vous prêter main-forte, feignez une difficulté et demandez-lui de l'aide tout en soulignant que les bons amis s'entraident.

Les documentaires

Beaucoup de jeunes enfants atteints du syndrome d'Asperger aiment regarder des vidéos et des émissions de télévision. Alors, munissez-vous d'un caméscope et tournez de brèves vidéos sur les expériences sociales de l'enfant. Par exemple, filmez l'enfant alors qu'il se trouve dans le bac à sable avec ses pairs ou qu'il est en train de jouer à cache-cache. Regardez ensuite la vidéo avec lui en faisant des arrêts sur image et des reprises pour vous attarder sur un certain nombre d'indices ou de réactions.

De six à neuf ans

Entre six et neuf ans, l'enfant qui se situe dans la norme se rend compte qu'il a besoin d'un ami pour jouer à certains jeux et que cet ami doit aimer ces jeux lui aussi. L'enfant prend conscience des pensées et des sentiments de ses pairs, et s'aperçoit que leurs actions et leurs commentaires peuvent lui causer une souffrance physique et émotionnelle. La plupart des enfants sont disposés à refréner leurs intentions, et à accepter et intégrer les influences, les préférences et les objectifs de leurs camarades de jeu. Leurs interactions ne se caractérisent pas par l'opposition entre domination et soumission. L'aide, et en particulier l'aide réciproque, compte parmi les signes de l'amitié à cet âge. Vers l'âge de huit ans, l'enfant qui se situe dans la norme trouve son meilleur ami en l'enfant qui constitue son camarade de jeu préféré et, surtout, qui lui apporte une aide pratique. Le meilleur ami, pour lui, c'est l'enfant qui lui remonte le moral dans les moments de tristesse et qui sait comment réparer l'ordinateur.

Les histoires sociales

Enseignante et spécialiste des troubles du spectre de l'autisme, Carol Gray a mis au point une démarche pour aider l'enfant à comprendre les signes et les réactions appropriés à diverses situations sociales. Cet outil remarquablement efficace, que Carol Gray a appelé les histoires sociales (Social Stories^{MD}), consiste non seulement à enseigner à l'enfant les actions appropriées, mais surtout à lui expliquer la raison d'être des codes et des attentes sociaux. La rédaction de l'histoire sociale est un exercice coopératif qui fait intervenir l'enfant et un adulte. Adapté au niveau de lecture de l'enfant, le texte décrit une situation, une habileté ou un concept du point de vue des réactions et des indices sociaux. L'exercice a pour but de livrer une information sociale et émotionnelle exacte de manière rassurante et compréhensible pour l'enfant. Afin d'éviter de créer une association entre les histoires sociales et l'échec, la première et au moins 50 % des histoires devraient décrire, mettre en valeur et consolider des aptitudes et des connaissances que l'enfant possède déjà. Les histoires sociales peuvent par ailleurs servir à consigner des accomplissements de l'enfant. La rédaction de ces textes permet aux autres de comprendre le point de vue de l'enfant ainsi que les raisons pour lesquelles il semble parfois se comporter socialement de manière confuse, anxieuse, agressive ou rebelle.

Les histoires sociales doivent avoir un ton constructif, insister sur les choses à faire plutôt que sur les choses à éviter et posséder un caractère descriptif plutôt que directif. Elles doivent comprendre divers éléments :

- des phrases descriptives contenant une information factuelle ;

- des phrases axées sur les perceptions présentant les pensées, les émotions, les croyances, les opinions, les motivations et les connaissances. Ces phrases visent expressément à favoriser l'acquisition de la théorie de l'esprit (*voir à la page 77*) et constituent l'une des clés de l'efficacité des histoires sociales;
- des phrases axées sur la coopération citant les personnes susceptibles d'aider l'enfant, ce qui peut lui être d'un grand secours en matière de gestion des émotions;
- des phrases directives proposant une ou plusieurs réactions possibles dans une situation donnée;
- des phrases affirmatives expliquant une valeur, une opinion ou une règle et exposant la raison d'être de certains codes de conduite;
- des phrases aide-mémoire que l'enfant rédige pour trouver des moyens de se rappeler quoi faire;
- un titre qui exprime l'essentiel de l'histoire.

Même si l'enfant trouve dans les histoires sociales des descriptions et des justifications des comportements appropriés, il devra aussi avoir des occasions de s'exercer en situation réelle. Pour se faire la main, les parents et les enseignants peuvent travailler divers aspects du jeu social avec des enfants qui comprennent les difficultés de l'enfant atteint du syndrome d'Asperger.

De 9 à 13 ans

Entre 9 et 13 ans, l'enfant choisit ses amis en fonction de leurs habiletés et de leur personnalité. À ses yeux, un ami est une personne qui tient à lui et qui le lui exprime par ses attitudes, ses idées et ses valeurs. L'enfant éprouve fortement le besoin d'être aimé par ses pairs et de partager avec eux des pensées et des expériences. Il recherche des amis dignes de sa confiance et commence à leur demander des conseils, non plus seulement pour résoudre ses problèmes pratiques, mais aussi pour y voir clair dans ses relations interpersonnelles. Il a besoin d'être entouré, devient plus sélectif et forme des alliances durables. Au cours de cette période, l'enfant préfère les compagnons de même sexe que lui et devient de plus en plus sensible à la pression des pairs. Il accorde plus d'importance à l'acceptation et aux valeurs du groupe qu'aux opinions de ses parents.

Les amis s'entraident et se soutiennent mutuellement sur le plan affectif. Si l'enfant est triste, ses amis intimes le consolent et l'encouragent. S'il est en colère, ils peuvent le calmer pour lui éviter de s'attirer des problèmes.

L'intervention des adultes

Durant la période où l'estime de soi de l'enfant dépend du groupe de pairs, prêtez une attention particulière à la manière dont vous regroupez les enfants. Vous pouvez par exemple repérer un ami potentiel pour l'enfant et l'inviter à partager une sortie ou une activité familiale. Observez et encadrez les interactions de manière à ce que les deux enfants y trouvent de l'agrément. À l'occasion, vous devrez peut-être inciter le groupe à tenir compte du point de vue de l'enfant atteint du syndrome d'Asperger.

Un ami spécial

S'il existe dans l'entourage de l'enfant atteint du syndrome d'Asperger un enfant qui a avec lui des rapports spontanés, proposez à ce dernier de lui servir de guide en classe et au terrain de jeu. L'enfant atteint du syndrome d'Asperger sera peut-être plus réceptif aux conseils d'un pair qu'aux vôtres. Incitez les amis ou les pairs de l'enfant à l'aider à tempérer ses humeurs. Ils pourront par exemple le calmer s'il devient agité ou tourmenté. Il a besoin d'amis pour le rassurer quand il est anxieux et pour lui remonter le moral quand il est triste. Il a aussi besoin de conseils et d'encouragements pour offrir à son tour un soutien émotionnel. On doit lui apprendre à déceler les signes de la détresse ou de l'agitation chez ses amis et lui montrer comment y réagir. Rédigez avec lui des histoires sociales en abordant des aspects de l'amitié comme les compliments, le soutien émotionnel et l'écoute.

Le travail d'équipe

Au Québec, il existe des groupes de développement des habiletés sociales dans les centres de réadaptation et parfois dans les écoles. Aux États-Unis, les programmes de réadaptation destinés aux enfants de 9 à 13 ans visent à développer la capacité de travailler en équipe plutôt que l'aptitude à se faire des amis. Ces programmes se basent sur le fait que le jeune adolescent risque de mieux accepter l'idée d'apprendre à travailler en équipe en vue de pratiquer un sport ou de trouver un emploi que celle de suivre un programme spécial pour se faire des amis.

Les cours d'art dramatique

Quel adolescent a envie de faire savoir au monde entier qu'il n'a pas d'amis? Aussi les cours adaptés d'art dramatique et d'art oratoire sont-ils tout indiqués pour les adolescents atteints du syndrome d'Asperger, les plus jeunes en particulier. Ils peuvent y apprendre des modèles de conversation, s'initier au dévoilement de soi, découvrir le langage corporel, les expressions du visage et les inflexions de la voix appropriés à diverses situations de même que jouer des personnages qui sont à l'aise en société.

De 13 à 18 ans

Alors que l'enfant plus jeune a un petit nombre d'amis proches, l'adolescent de 13 à 18 ans élargit son cercle d'amis et connaît des amitiés de plus en plus profondes. Il a différents amis pour combler différents besoins, qu'il s'agisse du réconfort, de l'humour ou des conseils pratiques. Il définit un ami comme une personne qui l'accepte comme il est ou qui pense comme lui. Compatible avec lui, l'ami renforce son sentiment d'identité personnelle.

Les livres de croissance personnelle et les groupes d'entraide

Les adolescents et les familles qui désirent faire une démarche personnelle peuvent lire des livres comme *Je suis né un jour bleu* de Daniel Tammet ou *Vivre avec le Syndrome d'Asperger* de Liane Holliday. Ils peuvent également assister aux réunions de groupes d'entraide et y discuter de questions comme l'amitié, la sexualité et les études. Ces groupes sont habituellement mis sur pied par des parents assistés de professionnels. Fréquemment invités aux réunions, ces derniers animent les discussions et offrent des conseils.

Internet

Internet est aux jeunes d'aujourd'hui ce que la salle de danse était à ceux d'hier, c'est-à-dire un lieu de rencontre. La personne atteinte du syndrome d'Asperger est souvent plus à l'aise de se dévoiler et d'exprimer ses sentiments en communiquant par Internet qu'en participant à une conversation traditionnelle. Les parents doivent cependant surveiller de près les relations établies au moyen d'Internet, car l'adolescent atteint du syndrome d'Asperger est vulnérable face aux personnes qui cachent leurs mauvaises intentions sous des dehors amicaux.

Des suggestions pour tous les stades

La rétroaction positive

L'enfant atteint du syndrome d'Asperger a besoin de plus de rétroaction positive que l'enfant qui se situe dans la norme. S'il effectue une activité mathématique, la calculette lui confirme qu'il a trouvé la bonne réponse. S'il fait un casse-tête, l'obtention d'une image cohérente lui indique qu'il a réussi. Mais comment peut-il savoir qu'il s'est bien comporté dans une situation sociale ? Il est essentiel que les adultes et les autres enfants relèvent et commentent les conduites appropriées de l'enfant dans une interaction sociale. Autrement, il n'a pour seule rétroaction que la critique en cas d'erreur.

Les livres sur l'amitié

Il existe sur le thème de l'amitié quantité de livres d'histoires, de romans et de guides destinés aux enfants de tous les âges. Les parents peuvent lire des ouvrages de ce genre à l'enfant atteint du syndrome d'Asperger, tandis que les enseignants peuvent les recommander à leurs élèves et en faire l'objet de discussions en classe.

L'art de la conversation

Les orthophonistes peuvent mettre sur pied des activités individuelles ou collectives axées sur le développement des aspects pragmatiques du langage. L'enfant atteint du syndrome d'Asperger devra en effet s'initier à l'art de la conversation afin de se faire des amis.

Les programmes de prévention du harcèlement à l'école

Certaines écoles ont mis sur pied des programmes de prévention de l'intimidation et du harcèlement. Bien que fort louables, ces initiatives doivent parfois être adaptées ou renforcées à l'intention des enfants atteints du syndrome d'Asperger. Malgré tous nos efforts, en effet, ces enfants feront inévitablement l'objet de moqueries, de harcèlement et d'exclusion.

La gestion des émotions

La thérapie cognitivo-comportementale

La recherche, l'expérience clinique et les autobiographies le confirment : l'enfant atteint du syndrome d'Asperger a le plus grand mal à comprendre l'expression des émotions et est sujet au trouble anxieux, à la dépression et à des poussées de colère. Il a une pensée déficiente ou déformée à propos de ses idées et de ses sentiments. Ainsi, il a de la difficulté à déterminer si un acte était délibéré ou accidentel et il a tendance à interpréter littéralement les paroles et les gestes des autres.

Nous ne faisons que commencer à adapter les approches psychothérapeutiques comme la thérapie cognitivo-comportementale (TCC) aux besoins de l'enfant atteint du syndrome d'Asperger. Sans cesse raffinée depuis plusieurs décennies, la TCC se fonde sur de rigoureuses évaluations scientifiques. Il est à présent avéré qu'elle contribue à modifier les pensées et les réactions de la personne face à des sentiments comme l'anxiété, la tristesse et la colère.

Les programmes de TCC destinés à l'enfant atteint du syndrome d'Asperger comportent deux stades. Le premier, celui de l'éducation affective, consiste à renseigner l'enfant sur les émotions. L'enfant découvre alors le lien entre les pensées, les sentiments et le comportement. Il apprend à conceptualiser les émotions et à percevoir diverses situations.

Le deuxième stade, celui de la restructuration cognitive, est composé d'une série d'activités qui permettent à l'enfant de mettre ses nouvelles habiletés en pratique.

La boîte à outils

Dès le plus jeune âge, les enfants comprennent qu'une boîte à outils contient divers instruments qui servent à réparer une machine ou un bris dans la maison. Aussi ai-je mis au point une stratégie de restructuration cognitive que j'ai appelée « boîte à outils pour les émotions » en vue d'aider les enfants atteints du syndrome d'Asperger à « réparer » leurs sentiments.

La stratégie consiste à chercher avec l'enfant des « outils » qui lui permettront de résoudre les problèmes associés aux émotions négatives comme l'anxiété, la tristesse et la colère. Ces outils se répartissent en trois catégories :

- les outils qui libèrent l'énergie émotionnelle de manière rapide et constructive ;
- les outils qui réduisent lentement l'énergie émotionnelle ;
- les outils qui améliorent la pensée.

Les outils pour bouger

Sur une grande feuille de papier, l'enfant dessine un marteau pour représenter les outils ou les actions qui permettent de libérer physiquement l'énergie émotionnelle. Il énumère ensuite des activités physiques sûres et appropriées. Pour le jeune enfant, il peut s'agir par exemple de la course ou de la natation. Pour l'enfant plus âgé, nombre de sports et la danse constituent de bons exutoires.

Les outils pour se détendre

Les outils de détente ont pour fonction de calmer l'enfant et d'abaisser sa fréquence cardiaque. L'enfant peut les représenter au moyen d'un pinceau et ranger dans cette catégorie des activités comme le dessin, la lecture et l'écoute de musique. Pour beaucoup d'enfants atteints du syndrome d'Asperger, la solitude est la situation la plus relaxante. Ils ont besoin de se retirer dans un endroit calme et isolé pour récupérer. Les plus jeunes se détendent parfois en se berçant doucement et en accomplissant une action répétitive. Une balle anti-stress joue pour eux le même rôle qu'un chapelet de relaxation pour les adultes.

Les outils sociaux

Un outil social est une personne (un animal dans certains cas) qui aide l'enfant à gérer ses émotions ou à changer d'humeur. L'activité à laquelle s'adonne l'enfant avec cette personne doit être agréable et dénuée du stress souvent associé aux interactions sociales, en particulier à celles qui font intervenir plus d'une personne avec l'enfant.

Les outils pour penser

Pour changer ses pensées, enrichir ses connaissances ou se débarrasser de fausses croyances, l'enfant se sert de stratégies qu'il peut représenter au moyen d'un outil comme une clé anglaise. On l'encourage à recourir à sa force intellectuelle et notamment au discours intérieur pour maîtriser ses sentiments. Il apprend par exemple à se dire « Je suis capable de maîtriser mes sentiments » ou « Je suis capable de rester calme » lorsqu'il vit un stress. Ces mots rassurants renforcent la confiance en soi et l'estime de soi.

Les centres d'intérêt particuliers

L'enfant atteint du syndrome d'Asperger a un centre d'intérêt particulier qui est pour lui source d'un grand plaisir, dépassant de loin sur ce plan les autres expériences potentiellement agréables. On peut donc l'encourager à se tourner vers son centre d'intérêt lorsqu'il a besoin de rétablir son équilibre émotionnel. Même si l'activité peut sembler l'absorber tout entier, elle est susceptible de chasser les pensées négatives comme l'anxiété et la colère. Quand l'enfant est très troublé, la solitude et l'immersion dans l'activité préférée constituent ses meilleurs outils de réconfort émotionnel.

Les médicaments

Les médecins prescrivent parfois des médicaments à l'enfant atteint du syndrome d'Asperger pour faciliter la gestion des émotions, en particulier si l'enfant manifeste des signes clairs du trouble anxieux ou de la dépression clinique (c'est-à-dire des épisodes de colère, d'irritabilité ou d'apathie par exemple). Cependant, il est important de faire en sorte que la boîte à outils ne contienne pas que des médicaments.

L'apprentissage

Le profil d'apprentissage

Les enfants atteints du syndrome d'Asperger possèdent un profil d'habiletés inégal et un style d'apprentissage déroutant pour les enseignants. Certains d'entre eux manifestent beaucoup de talent pour la lecture, la mathématique et la mécanique. Dans certains cas, leur quotient intellectuel (QI) total se situe à l'intérieur des limites de la normale ou même au-dessus, tandis que leurs résultats à certains tests de l'épreuve de QI ne dépassent pas le niveau indicateur d'une déficience intellectuelle légère.

La recherche sur les enfants atteints du syndrome d'Asperger révèle deux tendances opposées en matière de QI : soit le QI verbal dépasse le QI de raisonnement visuel, soit l'inverse. Quoi qu'il en soit, chercheurs et cliniciens s'entendent pour dire que l'examen du profil d'apprentissage et des aptitudes cognitives ne doit pas servir à confirmer le diagnostic, mais qu'il fournit des renseignements très précieux sur le style d'apprentissage.

Le style d'apprentissage

Le style verbal et le style visuel

Si l'enfant possède un QI verbal relativement élevé, son style d'apprentissage est vraisemblablement de type verbal. L'enfant réussit à l'école en lisant plutôt qu'en participant aux activités de la classe. Si, par ailleurs, l'enfant a un style d'apprentissage visuel, il acquiert les connaissances au moyen de démonstrations silencieuses, de films, de diagrammes et d'images (qui, comme chacun sait, valent mille mots). L'enfant peut avoir un talent naturel pour l'ingénierie. Mais s'il a en tête l'image de la solution à un problème, il ne dispose pas des mille mots qui lui permettraient de fournir une explication. Quel que soit le style d'apprentissage de l'enfant, on a tout intérêt à lui présenter les concepts sur l'écran d'un ordinateur plutôt que dans le contexte social et linguistique d'une classe ordinaire.

La peur de se tromper

L'enfant atteint du syndrome d'Asperger peut avoir une peur pathologique de l'erreur ou de l'échec, même s'il porte une attention extrême aux détails. Il peut refuser de faire une activité s'il risque de ne pas l'accomplir parfaitement. Puisqu'il craint de paraître stupide, ses éducateurs peuvent recourir aux histoires sociales (Gray et White, 2002) pour lui expliquer que nous apprenons davantage de nos erreurs que de nos réussites et que l'imperfection n'est pas un signe de stupidité.

La motivation

La motivation de l'enfant atteint du syndrome d'Asperger est chancelante. Cet enfant est moins réceptif que les autres élèves aux éloges et aux félicitations de l'enseignant. Pour renforcer sa motivation, on peut commenter son travail sans émotivité et souligner qu'il témoigne éloquemment de son intelligence.

Les examens

L'enfant atteint du syndrome d'Asperger écrit lentement et illisiblement, et se laisse distraire par les détails. Il est par conséquent sujet à l'échec aux examens minutés. Pour lui éviter de perdre des points, l'enseignant peut superviser son travail, lui accorder un surcroît de temps et lui permettre de dactylographier ses réponses.

Les déficits des fonctions exécutives (*voir à la page 29*), et en particulier des aptitudes à l'organisation et à la planification, peuvent se répercuter sur le travail scolaire. Le cas échéant, les parents et les enseignants doivent jouer pour l'enfant le rôle de « secrétaires exécutifs ».

La rigidité

L'enfant atteint du syndrome d'Asperger peut manifester une grande rigidité et une non moins grande opiniâtreté. Il s'en tient à sa façon de faire bien particulière plutôt que d'imiter les autres enfants ou de suivre les conseils de l'enseignant. Il a du mal à abandonner une stratégie inefficace et il perd le fil de ses idées quand il est interrompu. L'enseignant devra lui expliquer qu'il existe plusieurs manières de résoudre un problème et qu'il est astucieux de tenter d'autres approches ou de demander de l'aide.

Les centres d'intérêt particuliers

Dès l'âge de deux ou trois ans, l'enfant atteint du syndrome d'Asperger peut se montrer préoccupé par certains objets ou certaines parties des objets, les roues des voitures jouets ou les interrupteurs par exemple.

Par la suite, l'enfant peut se passionner pour une catégorie d'objets qu'il se met à accumuler frénétiquement. Il peut s'agir d'objets qui constituent typiquement des collections, comme les pierres, ou encore d'objets aussi inattendus que les bouchons d'évier.

Le centre d'intérêt de l'enfant peut devenir le thème de ses jeux et faire l'objet d'une imitation. Ainsi, j'ai connu un enfant qui était fasciné par les cuvettes et qui, dans la cour d'école, faisait semblant d'être une cuvette obstruée. Un autre a choisi de se présenter à la fête costumée de l'école déguisé non pas en personnage de cinéma ou en animal, mais en laveuse, son objet de prédilection.

En vieillissant, l'enfant se met à acquérir de l'information sur un sujet ou un concept en particulier. Beaucoup d'enfants atteints du syndrome d'Asperger s'intéressent ainsi aux moyens de transport, aux animaux et à l'électronique. Si certains de ces centres d'intérêt sont répandus et propices au développement, tels les dinosaures, les châteaux et les jeux d'ordinateur, d'autres, comme les aspirateurs et les systèmes d'alarme, ont de quoi surprendre. L'enfant ne s'intéresse pas à un sujet parce qu'il est populaire parmi ses pairs, mais pour des raisons qui lui sont propres.

L'enfant change inévitablement de centre d'intérêt, mais au moment qui lui convient. Il remplace son sujet de prédilection par un autre que lui, et non les enseignants ou les parents, aura choisi. La complexité et le nombre des centres d'intérêt varient selon le niveau de développement et la capacité intellectuelle de l'enfant mais, en général, ils augmentent au fil du temps, de sorte que l'adolescent se concentrera par exemple sur des pays ou des périodes de l'histoire.

Les centres d'intérêt des filles

L'expérience clinique nous laisse penser que filles et garçons n'ont pas les mêmes centres d'intérêt. Ainsi, les filles sont captivées par les poupées, les animaux et la fiction. Il s'agit là de sujets appropriés à leur âge et à leur sexe, mais la fascination qu'ils exercent atteint un degré inhabituel. L'enfant peut se constituer une impressionnante collection de poupées mais préférer jouer seule qu'avec une amie. Son jeu peut comprendre des reconstitutions détaillées de scènes de sa vie quotidienne ou d'émissions de télévision. L'intérêt pour les animaux peut devenir intense au point que l'enfant imite l'animal ou, si elle aime les chevaux, réclame de dormir dans une écurie. En matière de fiction, l'enfant peut collectionner et relire à l'infini les œuvres de son auteur préféré ou encore se passionner pour la littérature classique et notamment les pièces de Molière ou les romans de Victor Hugo. Ce penchant ne naît pas du désir d'exceller en littérature française à l'école, mais bien d'un intérêt authentique pour les grands auteurs et leurs œuvres.

Les centres d'intérêt de l'adolescent

L'adolescent atteint du syndrome d'Asperger se passionne pour l'électronique et les ordinateurs, la littérature fantastique, la science-fiction et, parfois, pour une personne en particulier. Encore une fois, ce n'est pas tant le sujet qui étonne que l'intensité de l'intérêt qu'il suscite. Certains adolescents ont une compréhension innée des langages de programmation, de l'infographisme et de la programmation avancée. Leur intérêt pour la littérature fantastique et les personnages légendaires peut être tel qu'ils élaborent leurs propres jeux de rôles et exécutent des dessins extrêmement détaillés sur leur thème de prédilection. Certains adolescents sont fascinés par un personnage qui peut être réel ou encore issu de la mythologie ou de l'histoire. Si la personne est bien réelle, la hantise de l'adolescent peut passer pour de l'amour et même lui valoir des accusations de harcèlement.

Comment les centres d'intérêt particuliers apparaissent-ils ?

Nous ne faisons que commencer à comprendre les causes de l'apparition des centres d'intérêt particuliers. Comme plusieurs parents l'ont indiqué, il semblerait que les centres d'intérêt puissent se former en association ou en réaction à un sentiment de peur ou de plaisir. La peur des cuvettes peut se muer en passion de la plomberie. Une grande sensibilité au bruit de l'aspirateur peut entraîner une fascination pour les marques et le fonctionnement de cet appareil. La peur du tonnerre peut engendrer un intérêt pour la météo. Pour apprivoiser la peur, l'enfant recourt à un moyen astucieux et pratique : s'informer sur la cause de son anxiété.

Si l'apparition du centre d'intérêt fait suite à une expérience agréable, telle une visite à un parc d'attractions ou un musée, elle a une valeur commémorative. Pour l'enfant, le fait de penser à son sujet favori peut servir d'antidote aux pensées et aux expériences négatives. Lorsque nous procédons à une évaluation des sources d'agrément dans la vie de l'enfant atteint du syndrome d'Asperger, nous constatons qu'il valorise son centre d'intérêt plus que tout autre plaisir. Galvanisé par sa passion, il prévient l'invasion des pensées négatives et procède en quelque sorte à une forme de blocage des pensées.

Comment limiter et exploiter le centre d'intérêt ?

Si la motivation de l'enfant atteint du syndrome d'Asperger est d'augmenter son accès au centre d'intérêt, aux dépens peut-être des autres activités, celle des éducateurs est d'en diminuer la durée afin que l'enfant puisse s'adonner à des occupations plus variées. Cette préoccupation revêt encore plus d'importance lorsque la poursuite du centre d'intérêt semble nuire au travail scolaire ou exclure les interactions avec les autres membres de la famille à la maison et avec les pairs à l'école. Quelles sont les stratégies qui permettent de réduire le temps consacré au centre d'intérêt? Le centre d'intérêt peut-il être exploité à des fins constructives?

La limitation de l'accès

Dans certains cas, ce n'est pas l'activité en elle-même qui pose problème, mais sa durée et sa préséance sur toutes les autres. Les éducateurs doivent donc en limiter l'accès et favoriser activement la diversification des champs d'intérêt. Ils peuvent obtenir un certain succès en imposant des limites de temps et en se munissant d'une horloge ou d'une minuterie. Lorsque la durée permise est écoulée, on met un terme à l'activité et on incite l'enfant à faire autre chose, en lui promettant qu'il pourra bénéficier d'autres périodes pour s'adonner à son occupation favorite. Puisque la tentation de poursuivre l'activité sera forte, on s'assure que la nouvelle activité se tienne dans une autre pièce ou à l'extérieur. Même si l'activité de substitution est forcément moins attrayante pour l'enfant, elle doit quand même lui procurer du plaisir.

La démarche de limitation de l'accès peut comprendre une stratégie consistant à transformer le centre d'intérêt en activité sociale faisant l'objet d'un moment privilégié. L'éducateur prévoit alors des périodes précises au cours desquelles il participera avec l'enfant à une discussion ou à une exploration du sujet préféré. L'adulte veille à ce que rien ni personne ne les dérange et à ce que l'activité soit agréable pour les deux. (Lors de telles séances, j'ai moi-même eu l'occasion d'enrichir mes connaissances sur des sujets aussi captivants que le *Livre Guinness des records,* le *Titanic* et les systèmes météorologiques!) L'adulte acquiert lui-même une certaine autorité sur le sujet et conquiert ainsi le respect de l'enfant. La conversation peut gagner en réciprocité si l'adulte explique ce qui l'intéresse, lui. Les deux partenaires peuvent ainsi passer d'agréables moments à discuter de leurs centres d'intérêt respectifs.

L'exploitation du centre d'intérêt en classe

L'enfant atteint du syndrome d'Asperger fait preuve d'une motivation importante et d'une durée d'attention prolongée quand il s'adonne à son activité préférée. On peut donc exploiter cette caractéristique en intégrant le centre d'intérêt de l'enfant aux activités de la classe. Si, par exemple, l'enfant est fasciné par les trains, on lui proposera des activités de lecture, de mathématique, d'écriture ou de dessin sur le thème des trains (le matériel ne manque pas sur ce sujet). Si un jeune enfant s'intéresse à la géographie en général et aux drapeaux en particulier, on peut lui faire compter des drapeaux au lieu des objets traditionnellement utilisés pour une activité de dénombrement.

On peut aussi tirer profit du centre d'intérêt de l'enfant en en faisant une récompense. On peut par exemple indiquer à l'enfant qu'il obtiendra 10 minutes d'utilisation de l'ordinateur de la classe s'il exécute telle ou telle tâche en moins de 10 minutes. L'accès à l'activité préférée constitue une récompense extrêmement efficace. Cette stratégie exige un surcroît de souplesse de la part de l'enseignant dans la présentation des tâches, la planification et l'élaboration du système de récompenses. Elle peut en revanche produire d'extraordinaires résultats, dans la mesure où elle permet à l'enfant d'enrichir ses connaissances, de manifester ses aptitudes intellectuelles et de récolter des certificats de réussite.

Certains parents retirent l'accès au centre d'intérêt en vue de punir l'enfant qui n'a pas terminé une tâche ou qui s'est mal conduit. Cette stratégie peut avoir une certaine efficacité en tant qu'élément d'un programme de gestion du comportement à la maison, mais elle a le potentiel de déclencher des conduites agressives.

Un moyen de se faire des amis

« Qu'est-ce qu'un bon ami ? » À cette question, de nombreux enfants répondront : « C'est une personne qui aime les mêmes choses que moi. » De fait, l'amitié peut naître d'une communauté de champs d'intérêt. J'ai connu un enfant atteint du syndrome d'Asperger qui possédait des connaissances très étendues sur les fourmis. Ses camarades de classe toléraient ses monologues sur ces insectes, mais ne recherchaient pas particulièrement sa compagnie. Or, cet enfant faisait l'apprentissage d'aptitudes sociales comme attendre son tour, partager, faire des compliments et montrer de l'empathie. S'il manifestait ces aptitudes, c'était au prix d'un effort intellectuel et de l'assistance d'un adulte, si bien que ses pairs le trouvaient affecté et artificiel. Il avait peu de vrais amis. Le hasard voulut qu'un autre enfant atteint du syndrome d'Asperger et passionné de fourmis vive lui aussi à proximité. Parents et enseignants arrangèrent une rencontre entre ces enfants et tout changea. Les deux compagnons partaient ensemble pour des expéditions d'observation, se lançaient dans des études conjointes et échangeaient régulièrement à propos de leurs découvertes. Leurs interactions avaient une fluidité et une qualité naturelles. Ils attendaient patiemment, écoutaient attentivement, témoignaient de l'empathie et offraient des compliments comme jamais ils ne l'avaient fait en présence de leurs autres pairs. Morale de cette histoire : les parents ont avantage à intervenir de manière à mettre l'enfant en contact avec un camarade ayant le même centre d'intérêt. Les responsables des groupes d'entraide locaux pourraient même songer à ajouter l'activité de prédilection des enfants à la liste des noms et des adresses. Même arrangée, une amitié est une amitié.

Les signes vont-ils s'atténuer ?

Oui. Le cerveau de l'enfant atteint du syndrome d'Asperger est programmé différemment de celui des autres. L'enfant ne possède pas la capacité innée d'entrer en relation avec ses pairs et de maîtriser ses émotions. Il n'a pas non plus les mêmes priorités et les mêmes perceptions du monde que les autres enfants. Mais avec le temps (et de la compréhension, du soutien et des conseils), il peut apprendre à interagir et à réussir à l'école. Il peut aspirer à n'importe quelle carrière, du travail social au génie.

Nous devons nous rappeler qu'il existe deux façons d'acquérir les habiletés aux relations interpersonnelles, soit l'intuition ou l'éducation. L'enfant atteint du syndrome d'Asperger peut apprendre ce qu'il faut faire et dire pour obtenir du succès sur les plans professionnel et personnel. Moyennant un effort intellectuel et le soutien approprié, il est capable de résoudre le casse-tête des interactions sociales.

Chapitre 7

L'anxiété généralisée et le trouble obsessionnel-compulsif

Martin L. Kutscher

« Sara se fait tellement de souci ! Tout le monde est nerveux la veille d'un examen mais, elle, elle s'inquiète des jours à l'avance. En fait, elle semble s'inquiéter pour un tas de choses. Elle s'inquiète même à propos de l'année prochaine. Elle me dit que ça n'a pas de sens, mais qu'elle ne peut pas s'en empêcher. Avant, je pensais qu'elle manquait l'école parce qu'elle n'aimait pas ça. À présent, je commence à penser que c'est juste trop dur pour elle. Avant de partir pour l'école, elle touche à la porte trois fois ; c'est un rituel. C'est tellement triste à voir. »

L'anxiété généralisée

Les troubles anxieux ont en commun une anxiété et des soucis excessifs que la personne a de la difficulté à maîtriser. L'anxiété se définit comme une sensation désagréable d'agitation intérieure, tandis que les soucis correspondent à une appréhension des événements futurs.

Selon la définition que donne le DSM-IV (APA, 1994) de l'anxiété généralisée, les soucis et l'anxiété doivent être prononcés au point de nuire au fonctionnement. Les soucis portent sur plusieurs sujets, apparaissent presque tous les jours et semblent difficiles à réprimer.

Ils sont accompagnés de signes physiques comme l'insomnie, la fatigue, l'agitation, l'irritabilité, la tension musculaire et les difficultés de concentration.

L'anxiété généralisée atteint de 2 % à 9 % des filles et de 1 % à 4 % des garçons (Bernstein et Layne, 2004). Il semble qu'elle soit due à un ensemble de facteurs en interaction, dont l'hérédité, les méthodes d'éducation, les réseaux de soutien et les événements de la vie.

Les enfants atteints d'anxiété généralisée ont deux chances sur trois de présenter aussi au moins un des autres troubles dont il est question dans le présent ouvrage. Ainsi, ils ont une chance sur quatre de présenter également un trouble du déficit de l'attention/hyperactivité (Bernstein et Layne, 2004). La plupart du temps, les troubles coexistants s'exacerbent les uns les autres.

Les plus récentes recherches sur l'anxiété généralisée indiquent que le trouble serait causé par une perturbation de la boucle reliant le cortex cérébral et les centres primitifs qui régissent l'émotion et l'information sensorielle. Il arrive que les centres de l'émotion soient activés sans que la partie consciente du cerveau ne « sache » pourquoi, si bien que la personne éprouve de la nervosité sans comprendre ce qui l'a déclenchée.

Bien entendu, tout le monde se fait un peu de souci. Il serait d'ailleurs presque impossible de survivre autrement. Pourquoi ferions-nous des provisions de nourriture aujourd'hui si nous ne craignions pas d'avoir faim pendant l'hiver ? Pourquoi bâtirions-nous une maison aujourd'hui si nous ne craignions pas d'avoir froid ? Pourquoi étudier s'il n'y a pas d'examen demain ? Un degré approprié d'inquiétude constitue un avantage évolutif.

Alors, quand les soucis deviennent-ils excessifs ? Nous pouvons faire le parallèle suivant entre l'anxiété généralisée et les soucis normaux de l'enfant. Ainsi, l'enfant atteint d'anxiété généralisée :

- s'inquiète de plusieurs choses (six ou plus) à la fois – l'enfant qui se situe dans la norme ne s'inquiète que d'une chose à la fois ;
- juge que ses soucis sont inutiles, importuns et « étrangers » à lui – l'enfant qui se situe dans la norme se rend compte qu'un peu d'inquiétude améliore son rendement ;

- reconnaît généralement qu'il a tendance à se faire plus de souci que ses pairs ;
- anticipe les événements futurs et s'en préoccupe (ou essaie de les éviter) longtemps à l'avance – l'enfant qui se situe dans la norme se fait du souci pour les problèmes immédiats ;
- a des inquiétudes intenses, douloureuses et perturbatrices – il se fait du souci pour des sujets que les autres enfants trouvent banals ;
- peut manifester de l'insomnie, des difficultés de concentration, de l'irritabilité ou de la tension nerveuse ;
- se plaint de maux physiques comme des céphalées, des douleurs abdominales, etc.

Certains enfants atteints d'anxiété généralisée sont des perfectionnistes. Le perfectionnisme ne constitue pas en soi un trouble neuropsychiatrique, mais il faut certainement le considérer ici comme un type d'anxiété. Le psychologue scolaire Kenneth Shore (2002) établit le parallèle suivant entre une saine recherche de l'excellence et le perfectionnisme :

L'enfant qui recherche l'excellence :

- relève des défis ;
- retire un plaisir du processus ;
- attribue son succès à son travail ;
- interprète un échec comme une faiblesse dans un domaine en particulier ;
- célèbre ses accomplissements.

L'enfant perfectionniste :

- évite les défis ;
- se centre sur le résultat ;
- attribue son succès à la chance ;
- interprète l'échec comme une faiblesse de toute sa personne ;
- se félicite de l'évitement de l'échec.

Dans beaucoup de pays, la culture est de plus en plus axée sur l'éducation et la technologie. La société contemporaine valorise plus que jamais l'éducation. Non seulement les parents aspirent-ils à ce que leurs enfants fassent des études universitaires, mais ils tiennent à ce que ce soit dans une « bonne » université. Tant et si bien que les enfants d'aujourd'hui se sentent sous pression la plupart du temps. Surmenés et compétitifs à l'excès, ils n'ont pas assez de temps libre parce que leurs parents en négligent l'importance. Or, les enfants doivent apprendre à s'autoréguler et à évaluer leurs propres besoins. Trouver un mode de vie équilibré est plus difficile qu'il n'y paraît.

Quand l'anxiété passe inaperçue

L'anxiété de l'enfant a ceci de particulier qu'elle passe souvent inaperçue. La moitié environ des mères d'enfants anxieux ne détectent même pas le problème (Bernstein et Layne, 2004). Cette statistique a de quoi étonner puisque, souvent, les mères connaissent mieux leur enfant que lui-même ne se connaît.

Fait intéressant, beaucoup d'enfants atteints de troubles anxieux comprennent intuitivement qu'ils ont tendance à se faire plus de souci que leurs pairs. Il suffit souvent de poser la question à un enfant pour qu'il se mette à en parler. Les déclencheurs les plus courants de l'anxiété sont le rendement scolaire (l'enfant se trouve moins intelligent que ses camarades), le deuil (un décès ou une maladie), la discorde entre les parents, la violence (à son endroit ou dirigée contre un autre) et les « défauts » physiques (l'obésité, l'acné, la taille, etc.).

Les perturbations du sommeil constituent un signe physiologique important des troubles anxieux. Il peut s'agir d'insomnie (définie comme une difficulté récurrente à s'endormir en moins de 20 minutes après le coucher) ou de réveils hâtifs (à 3 h) suivis de difficultés d'endormissement. L'enfant a alors sommeil pendant la journée, ce qui peut nuire à son rendement scolaire. (Précisons que les ronflements sonores accompagnés d'apnée du sommeil peuvent aussi entraîner une somnolence diurne et des problèmes d'attention, mais qu'ils ne sont pas associés à l'insomnie en général.)

Sachant que l'anxiété peut nous échapper, nous devons garder cette possibilité à l'esprit chaque fois que nous rencontrons un enfant qui semble présenter seulement des symptômes physiques, de l'évitement, de l'inattention ou de l'irritabilité. Nous devons aussi nous rappeler de questionner directement l'enfant à ce propos.

Le trouble obsessionnel-compulsif

Les obsessions sont des pensées récurrentes que la personne ressent comme faisant intrusion dans sa conscience et considère absurdes. La personne fait des efforts pour ignorer ou neutraliser l'anxiété engendrée par ces pensées inutiles (APA, 1994).

Les compulsions sont des comportements que la personne se sent obligée d'avoir en vue de prévenir l'anxiété causée par les obsessions. Qu'il s'agisse de compter, toucher, vérifier une seconde fois ou répéter mentalement des mots, ces comportements sont manifestement excessifs et sans rapport réaliste avec l'inquiétude qu'ils visent à prévenir (APA, 1994). Par exemple, un enfant peut éprouver le besoin de dire « au revoir » exactement quatre fois en quittant la maison afin de s'assurer un trajet en autobus sans histoire. Sur le plan logique, cependant, cette action n'a aucun effet sur la sécurité du transport.

Bref, les obsessions sont des pensées et les compulsions, des actes visant à neutraliser les obsessions. L'adulte reconnaît tôt ou tard qu'obsessions et compulsions sont insensées ou excessives. L'enfant, lui, n'en vient pas nécessairement à cette constatation et, en général, n'en parle pas tant qu'on ne l'interroge pas directement sur le sujet. Précisons que, pour donner lieu à un diagnostic de trouble obsessionnel-compulsif (TOC), ces problèmes doivent nuire à la qualité de vie de la personne (APA, 1994).

Le TOC peut se comparer à un cercle vicieux déclenché par l'anxiété ou l'appréhension. La personne a une pensée ➤ elle éprouve de l'anxiété à l'idée que le cercle vicieux se produise à nouveau ➤ elle a encore plus de pensées. Imaginons par exemple un comptable. Il commence à se dire qu'il a peut-être fait une erreur dans la déclaration de revenu d'un client. Il sait bien qu'il ne s'est pas trompé en réalité, mais il craint de s'inquiéter sans cesse à ce propos. La peur de gâcher tout le week-end avec une préoccupation insensée le rend encore plus anxieux. Le cercle vicieux est reparti.

Notez bien qu'il n'y a pas de cercle vicieux possible sans anxiété. De fait, une obsession consiste fondamentalement en une anxiété irrationnelle et récurrente. L'anxiété et le TOC sont des éléments d'un même spectre.

Le traitement

À l'école

Montrez à l'enfant que vous le comprenez

Être témoin des rituels obsessionnels-compulsifs vous énerve? Imaginez ce qu'il en est pour la personne qui est aux prises avec eux. Montrez à l'enfant que vous comprenez combien il en souffre. Le seul fait de savoir que l'enseignant le comprend peut être d'un grand secours à l'enfant.

L'enfant est déjà stressé au moment d'entrer en classe. Il lui a fallu composer avec ses pensées ou ses rituels tout en essayant d'arriver à l'heure. Il a peut-être retardé l'heure de son coucher la veille pour parfaire son travail. Les autres membres de sa famille lui ont peut-être reproché d'ignorer leurs besoins. Il a peut-être perdu du temps à force de se torturer avec le choix du « bon » vêtement ou à force de retourner sans cesse à la salle de bain. Faites-lui comprendre que vous êtes conscient de ses difficultés.

Offrez-lui un environnement rassurant

Shore (2002) suggère d'utiliser les stratégies suivantes à l'endroit de l'enfant perfectionniste. Elles valent aussi, par extension, pour l'enfant atteint d'un trouble anxieux.

- Créez dans la classe une atmosphère qui incitera l'enfant à relever des défis de nature scolaire.
- Célébrez toutes ses tentatives, pas seulement celles qui sont couronnées de succès.
- Faites de la classe un havre où les erreurs sont permises.
- Formulez des objectifs explicites et réalistes.
- N'insistez pas sur les notes.
- Recourez à l'humour.

- Encouragez les élèves à faire confiance à leur jugement. Faire confiance à son propre jugement est plus utile à long terme que le succès immédiat obtenu en revérifiant tous ses choix auprès de l'enseignant.
- Répétez la phrase suivante à vos élèves : « Nous faisons tous des erreurs. C'est pour cette raison qu'il y a des gommes à effacer au bout des crayons. »

Parlez avec l'élève de ses besoins. Demandez-lui comment vous pouvez l'aider. Leslie Packer (2005) donne les conseils suivants :

- Demandez à l'enfant s'il souhaite être doucement averti lorsqu'il semble distrait par ses pensées.
- Déterminez les stimuli qui déclenchent les inquiétudes ou les rituels de l'enfant et éliminez-les. Si, par exemple, c'est la calligraphie qui rend l'enfant anxieux, trouvez une solution astucieuse : fournissez-lui un ordinateur portatif, procédez oralement aux évaluations, donnez-lui des pauses ou convenez avec lui du temps qu'il pourra consacrer à un travail écrit.

Tolérez les rituels que l'enfant est incapable de réprimer, dans la mesure où ils ne compromettent pas sa sécurité et ne dérangent pas les autres. Si un enfant a besoin d'appeler ses parents à 11 h 03 exactement, vous devrez peut-être le laisser faire.

Rappelez-vous que l'anxiété et le TOC peuvent nuire au travail de l'enfant sans qu'il n'y paraisse. L'anxiété et les obsessions peuvent en effet causer des distractions internes. Tentez de deviner ces distractions silencieuses en présence de ce qui paraît être de l'inattention, un faible rendement ou un évitement du travail. Par ailleurs, l'anxiété peut faire en sorte que l'enfant doive se rendre fréquemment aux toilettes ou au bureau de l'infirmière.

Accordez à l'enfant le surcroît de temps dont il a besoin. Et il en aura besoin pour :

- terminer le travail ralenti par les distractions internes ;
- atténuer l'anxiété associée à la nécessité de « terminer à temps » ;
- accomplir ses rituels, comme la compulsion d'écrire impeccablement, d'effacer sans cesse ou de noircir les cercles parfaitement.

Convenez avec lui de limites au perfectionnisme :

- faites signer à l'enfant un contrat par lequel il s'engagera à remettre son travail au bout d'un délai donné ou après un nombre donné de vérifications ;
- évitez de renforcer le perfectionnisme en le louangeant. Renforcez plutôt tout effort raisonnable de même que les imperfections qui lui sont associées.

Ménagez une voie d'évitement. Accordez à l'enfant la permission de sortir de la classe lorsqu'il en éprouvera le besoin, que ce soit pour une rencontre avec le psychologue scolaire ou une simple visite aux toilettes.

Informez les pairs de l'enfant et en particulier ceux qui l'importunent. Beaucoup d'enfants atteints de troubles anxieux tentent de cacher leurs problèmes à leurs camarades, ce qui n'a rien pour atténuer leur stress. En dépit de leurs efforts, les rituels peuvent être irrépressibles au point d'en devenir intolérables pour les autres. Tenez une séance d'information sur l'acceptation de la diversité et renseignez les autres élèves à propos de l'anxiété et du TOC. Si vous optez pour cette démarche, veillez d'abord à consulter l'enfant et sa famille. Vous pourrez trouver de la documentation dans le site de l'Association/Troubles anxieux du Québec à l'adresse www.ataq.org.

À l'extérieur de l'école

La thérapie cognitivo-comportementale

Avec l'aide d'un professionnel comme un psychologue, l'enfant peut parvenir à surmonter l'anxiété en recourant à son intellect. Les thérapies cognitivo-comportementales sont en effet très efficaces dans le traitement des troubles anxieux et du TOC. L'enfant apprendra notamment à :

- se désensibiliser à l'anxiété en s'exposant de plus en plus longuement au stimulus perturbateur ;
- éviter la « pensée catastrophe », c'est-à-dire l'habitude d'exagérer l'importance d'un événement et de toujours s'attendre au pire. C'est le type de pensée de l'enfant qui croit qu'un retard lui vaudra un « F » et que ce « F » l'empêchera d'aller à l'université. Il faut

rappeler à cet enfant qu'un retard lui vaudra simplement un « billet de retard » et que la terre ne s'arrêtera pas de tourner ;

- restructurer son attitude et, par exemple, considérer les événements comme des occasions de découvertes et non comme des menaces ;
- bloquer ses pensées, c'est-à-dire substituer volontairement une idée agréable à une idée envahissante. L'enfant apprendra par exemple à imaginer qu'il se détend sur une plage chaque fois qu'il est sur le point de s'inquiéter à propos d'un examen.

Le traitement médicamenteux

Le traitement médicamenteux de l'anxiété et du TOC repose en grande partie sur les inhibiteurs sélectifs du recaptage de la sérotonine comme Prozac. Ces agents sont d'une remarquable efficacité pour le traitement de l'anxiété et du TOC, et peuvent favoriser le succès des stratégies décrites précédemment. Néanmoins, certains experts craignent que la médication, en soulageant la « douleur » de l'anxiété, n'éteigne chez l'enfant le désir de recourir aux approches cognitives. Vous trouverez plus de détails sur les médicaments au chapitre 14.

Chapitre 8

Les troubles de l'intégration sensorielle

Martin L. Kutscher et Joelle Glick

« Chloé, viens ! Vois comme la vue est belle du haut du mât du stade olympique ! Si tu t'approches de la fenêtre, tu peux voir directement le sol ! Ne t'en fais pas. La vitre t'empêche de tomber. Il n'y a aucun danger. »

Certaines personnes recherchent ce genre de sensation forte, tandis que d'autres les évitent à tout prix. Tous les cerveaux ont les mêmes droits, mais tous ne réagissent pas de la même façon aux stimuli.

Le fonctionnement du cerveau (en quatre paragraphes)

Le cerveau est une machine à résoudre les problèmes. Les problèmes se présentent sous forme d'informations sensorielles. Le cerveau reçoit ces informations des récepteurs sensoriels, les intègre, évalue leur importance, élabore un plan et exécute une solution. Problème résolu. Au suivant.

En plus des cinq sens que tout le monde connaît (la vue, le goût, l'ouïe, le toucher et l'odorat), nous possédons des sens internes qui régissent notre corps sans même que nous ne nous en apercevions. Il s'agit du sens vestibulaire, qui détermine notre position dans l'espace en fonction de la gravité et des mouvements, et de la proprioception, qui nous informe de la position de notre corps et de ses différentes parties grâce à des récepteurs situés dans les muscles, les ligaments et les articulations.

Lorsque les récepteurs sensoriels sont stimulés, ils transmettent un influx électrique au cerveau via un nerf. Les neurones qui prolongent les récepteurs sensoriels atteignent différentes parties du cerveau et l'information reçue est ensuite intégrée pour nous permettre d'identifier le stimulus.

Outre qu'il reçoit ces rapports objectifs sur la réalité, le cerveau appose une étiquette émotionnelle à chaque événement par l'entremise d'une de ses parties primitives, le système limbique. Pour beaucoup de gens, par exemple, un plat d'œufs brouillés évoque un déjeuner familial nourrissant et réconfortant. Cependant, le système limbique de certains enfants « dit » plutôt que les œufs brouillés procurent une sensation de salive collante. Chacun expérimente la vie d'une façon qui lui est propre. Chaque personne a une façon bien à elle de capter l'information et d'y réagir. La majeure partie du traitement sensoriel s'accomplit au niveau subconscient. Seule une petite partie répond à notre volonté.

Qu'est-ce qu'un trouble de l'intégration sensorielle ?

Quelques définitions

L'intégration sensorielle est le processus par lequel le cerveau interprète l'information en provenance des organes des sens puis élabore une réaction appropriée. Quand quelqu'un vous donne une tape sur l'épaule, votre cerveau interprète la sensation produite par le contact de la main sur votre épaule et vous fait tourner la tête pour vous permettre de voir qui est là. Un trouble de l'intégration sensorielle est une perturbation du traitement de l'information en provenance des sens. Des petits bouts d'information sensorielle se retrouvent coincés dans un embouteillage, et certaines parties du cerveau ne reçoivent pas l'information dont elles ont besoin pour faire leur travail.

Un trouble de l'intégration sensorielle apparaît lorsque un ou plusieurs des maillons du réseau sensoriel se trouve en déséquilibre :

- La captation de l'information par le système sensoriel. Le cerveau capte trop d'information sensorielle (hypersensibilité) ou pas assez d'information sensorielle (hyposensibilité). Une personne hypersensible évite les stimuli qui l'alarment trop. Une personne hyposensible, à l'inverse, a besoin d'une grande quantité de stimuli avant de les ressentir. Dans les deux cas, le « volume » de la réception de l'information fait défaut.

- L'organisation de l'information par le système nerveux. L'information sensorielle n'est pas reçue, est reçue de manière inconstante ou est détachée des messages sensoriels correspondants.
- La production de mouvements, de paroles ou d'émotions. Le cerveau ne peut traiter efficacement les messages sensoriels et, par conséquent, ne peut pas produire de réactions appropriées ou efficaces.

Les troubles de l'intégration sensorielle ne suscitent pas autant d'intérêt que les autres troubles dont il est question dans ce livre auprès de la communauté médicale. Ils ne sont pas répertoriés dans le DSM-IV. Au point de vue clinique, cependant, il semble exister des groupes de symptômes bien réels. Les descriptions qui suivent sont en grande partie inspirées d'un ouvrage marquant, *The Out-of-Sync Child* (« L'enfant désynchronisé ») de Sally Kranowitz (1998)[1], grâce auquel les lecteurs modernes ont ouvert les yeux sur les troubles de l'intégration sensorielle. Vous trouverez aussi une suggestion d'une vidéo à visionner à l'annexe 3, « Références et ressources » (*page 202*).

L'hypersensibilité

Le cerveau de l'enfant hypersensible enregistre les sensations avec un excès d'intensité. La plupart des gens, par exemple, trouvent la voix d'un ami réconfortante. Mais imaginez que cette voix SOIT TROP FORTE ET QUE VOTRE AMI VOUS PARAISSE CRIER CONSTAMMENT. De même, l'enfant hypersensible peut fuir les contacts légers et même les petits bisous sur la joue. Il peut se défendre contre les autres et ériger une barrière physique entre lui et son environnement afin d'éviter les stimuli. Il peut réagir à une petite égratignure comme si c'était une amputation. Il peut répondre à la peine d'une autre personne comme s'il vivait lui-même

1. Ce livre est en anglais.

un horrible chagrin. Il est souvent distrait, car il est attentif à tous les stimuli, quelle que soit leur importance.

Parfois, il est facile de discerner la menace que représentent les stimuli pour l'enfant. Dans d'autres cas, le problème est plus subtil et l'enfant peut le passer sous silence. On remarque simplement qu'il évite certaines situations ou qu'il semble inexplicablement irrité ou préoccupé.

L'hyposensibilité

Le cerveau de l'enfant hyposensible interprète les sensations d'une manière excessivement faible. L'enfant hyposensible peut être câlin, car il cherche à satisfaire son besoin de sensations. S'il se heurte aux objets ou aux gens, c'est qu'il recherche des sensations, manque de coordination ou ne perçoit les sensations qu'au moment où il est déjà trop tard pour s'écarter. Il adore se rouler dans la boue ou se tenir la tête en bas. Il peut tomber de sa bicyclette et remonter aussitôt en selle sans pleurer. Beaucoup d'enfants hyposensibles paraissent fatigués ou somnolents. Il est possible qu'ils aient de la difficulté à interpréter les signaux sociaux non verbaux. Ainsi, ils peuvent ne pas comprendre les cris de leurs parents ou de leurs enseignants. Dans ce cas, ils interprètent mal les expressions du visage et, par conséquent, y réagissent de manière inadéquate.

Hypersensible et hyposensible à la fois ?

Certains enfants présentent à la fois les caractéristiques de l'hypersensibilité et celles de l'hyposensibilité. Leur cerveau est incapable de moduler l'information sensorielle correctement. Il y est hypersensible ou, au contraire, hyposensible selon le moment de la journée ou encore selon la nature et l'intensité des stimuli. Il est souvent difficile de s'occuper de ces enfants, car on ne sait trop quand et comment les aider.

Les symptômes courants

Les symptômes des troubles de l'intégration sensorielle varient selon le type de dysfonction en cause. Ainsi, un enfant peut être hypersensible au toucher et au mouvement, tandis qu'un autre sera hyposensible au toucher et hypersensible au mouvement. Voici donc une liste des symptômes les plus courants, classés en fonction de la dysfonction :

L'enfant qui est :

- hypersensible au toucher, au goût et aux textures peut se plaindre de l'inconfort causé par les étiquettes des vêtements, les coutures des chaussettes, les cols roulés, les vêtements ajustés et les étoffes rugueuses ; être capricieux en matière d'alimentation, préférer les aliments croquants ou mous et ne pas aimer les aliments grumeleux ou collants (comme la sauce tomate et le riz) ; refuser qu'on lui lave, peigne ou brosse les cheveux ; ne pas aimer qu'on le touche ; tenir et tâter les objets du bout des doigts (plutôt qu'avec la main entière) ; éviter de jouer avec de la boue, du sable, de la peinture à doigts et de la colle, trop salissants ;
- hyposensible au toucher, au goût et aux textures peut rechercher les gros câlins ; ne pas réagir aux coupures, aux injections, aux ecchymoses et aux égratignures ; sembler insensible aux contacts, à moins qu'ils ne soient intenses ; ne pas s'apercevoir qu'il a la bouche sale ou le nez qui coule ; ne pas se rendre compte qu'il vient de laisser tomber un objet ; sembler agressif envers les autres enfants, car il ne comprend pas la douleur qu'ils ressentent ;
- hypersensible au mouvement peut ne pas aimer se balancer, glisser, tourner, sauter, gravir des plans inclinés ou escalader ; être mal à l'aise dans un escalier mécanique ou un ascenseur ; avoir le mal des transports ; éviter de prendre des risques et sembler avoir des mouvements lents ou hésitants ; avoir peine à apprendre à monter et à descendre les escaliers ou les pentes ;
- hyposensible au mouvement peut aimer se balancer longtemps et vigoureusement, se tenir la tête en bas et tourner sur lui-même ; paraître agité en classe et ne pas tenir en place ; aimer les manèges les plus terrifiants au parc d'attractions ; ne pas être étourdi quand il tourne sur lui-même ; raffoler des bascules et des trampolines.

Un enfant qui a :

- une faible tonicité musculaire peut avoir le corps flasque ; poser la tête sur la table, se coucher par terre ou s'affaler dans un fauteuil ; avoir de la difficulté à ouvrir les portes ; se fatiguer rapidement (la faiblesse de la tonicité musculaire ne correspond pas ici à une anomalie des muscles ; c'est le cerveau qui n'envoie pas aux muscles l'information qui leur permettrait de fournir le soutien et la tension nécessaires aux activités de la vie quotidienne) ;

- une déficience de la motricité fine peut refermer les mains lâchement ou se mettre les mains dans les poches; avoir de la difficulté à manipuler les ciseaux, les crayons et les ustensiles; peiner à attacher ses boutons; communiquer au moyen de gestes s'il coordonne mal les mouvements de sa langue et de ses lèvres.

Les troubles de l'intégration sensorielle et les autres troubles

Il arrive fréquemment que les troubles de l'intégration sensorielle, le trouble du déficit de l'attention/hyperactivité (TDA/H), les troubles du spectre de l'autisme et les troubles d'apprentissage coexistent chez un même enfant et qu'ils se manifestent par des symptômes semblables. Un enfant peut aussi présenter les caractéristiques du TDA/H ou d'un trouble d'apprentissage, mais souffrir en réalité d'un trouble de l'intégration sensorielle, et vice versa. Outre les symptômes semblables à ceux des autres troubles mentionnés, les troubles de l'intégration sensorielle ont notamment pour signe distinctif une réaction inhabituelle aux touchers et aux mouvements actifs et passifs.

Un grand nombre d'enfants atteints d'un trouble du spectre de l'autisme ont également un trouble de l'intégration sensorielle prononcé. Certains de leurs récepteurs sensoriels sont extrêmement sensibles tandis que d'autres le sont très peu. Les bruits forts, ceux des feux d'artifice notamment, peuvent même déclencher chez ces enfants l'équivalent d'une crise d'anxiété. Certains de ceux à qui il arrive de marcher sur la pointe des pieds sont possiblement atteints d'un trouble de l'intégration sensorielle et leur comportement peut être dû à l'inconfort que leur causent les chaussettes ou les chaussures.

L'aide professionnelle

Quand et où?

«Je n'aime pas les œufs.» Cette phrase ne trouble personne, car tout le monde a ses goûts et dégoûts. C'est parfaitement normal.

«Je ne mange *jamais* d'œufs.» Parfois, les goûts et dégoûts prennent une tournure inhabituelle, mais ne nuisent pas véritablement au fonctionnement. On peut alors parler de «bizarrerie».

«Je ne peux pas manger à la cafétéria parce qu'il y a là des enfants qui mangent des œufs.» À ce stade, la limite est dépassée. Les goûts et dégoûts entravent franchement le fonctionnement. Le problème empoisonne la vie de l'enfant ou celle des gens qui l'entourent. C'est alors qu'il faut soupçonner l'existence d'un trouble de l'intégration sensorielle et obtenir l'avis d'un professionnel.

Il faut procéder tôt au dépistage des troubles de l'intégration sensorielle si l'on veut tirer profit de la plasticité du cerveau de l'enfant, c'est-à-dire de sa capacité de former de nouvelles connexions neuronales. Plus l'aide est hâtive, plus le traitement a de chances d'être efficace.

L'observation des comportements à la maison et à l'école permet de déceler des tendances. Notez chaque incident, le moment de la journée où il se produit et le commentaire de l'enfant. L'information ainsi recueillie sera de la plus grande utilité pour la formulation du diagnostic et le choix d'une démarche thérapeutique.

L'enfant qui se situe dans la norme enrichit et raffine progressivement ses habiletés, et chemine de façon constante vers la maturité. L'enfant atteint d'un trouble de l'intégration sensorielle, lui, peut avoir besoin de l'aide d'un ergothérapeute pour acquérir les fondements d'une intégration sensorielle adéquate. Bien que les études dans ce domaine soient encore rares, il semble que la thérapie facilite le développement du système nerveux de l'enfant.

Vous pouvez trouver un ergothérapeute par l'entremise du centre de santé et de services sociaux le plus près de chez vous ou encore auprès de l'Ordre des ergothérapeutes du Québec. Notez que les ergothérapeutes ne possèdent pas tous la formation nécessaire pour traiter des enfants atteints d'un trouble de l'intégration sensorielle.

Le dépistage et l'évaluation

Qu'est-ce que le dépistage?

Le dépistage est une démarche brève et informelle qui vise à déterminer si un enfant a acquis ou non certaines habiletés. Le dépistage s'effectue souvent auprès d'un groupe, dans une prématernelle par exemple. Si on soupçonne la présence d'un trouble du développement chez un enfant, on informe les parents et on leur conseille de demander une évaluation complète.

Qu'est-ce qu'une évaluation complète?

Une évaluation complète est une rencontre individuelle et structurée entre l'enfant et un ergothérapeute qualifié en matière de troubles de l'intégration sensorielle. L'ergothérapeute soumet l'enfant à des tests, l'observe attentivement et demande aux parents de répondre à un questionnaire afin de discerner des tendances établies depuis la naissance. Il détermine les forces et les faiblesses de l'enfant, les circonstances de leurs manifestations de même que leur intensité et leur durée.

L'ergothérapeute porte un diagnostic, rédige un rapport et s'entretient avec les parents. Il peut lui arriver de conclure que le seul remède nécessaire est le temps. Des jeux et des activités auxquels l'enfant peut s'adonner à la maison peuvent être suggérés. L'ergothérapeute peut aussi proposer des séances de thérapie individuelle pour l'enfant. Puisque chaque enfant est unique, les activités suggérées varient.

En quoi consiste la thérapie?

Il est difficile de procéder à des études contrôlées et objectives sur l'efficacité des divers traitements. Chaque ergothérapeute utilise une combinaison d'approches et les ergothérapeutes traitant le trouble d'intégration sensorielle ne sont pas si nombreux. L'ergothérapie semble tout de même bénéfique pour presque tous les enfants atteints d'un trouble de l'intégration sensorielle. D'autres types de thérapies, plus spécifiques, peuvent aussi favoriser la résolution du problème. C'est le cas notamment de l'orthophonie, de la psychothérapie (si l'enfant est déprimé et a une image de soi défavorable) et de la physiothérapie. En règle générale, la physiothérapie sert à traiter les problèmes de motricité globale ou l'atteinte des jambes.

Des activités thérapeutiques pour la maison et l'école

Les éducateurs doivent fournir à l'enfant atteint d'un trouble de l'intégration sensorielle une diète sensorielle équilibrée, c'est-à-dire un programme individualisé d'activités qui répond spécifiquement aux besoins de son système nerveux. L'élaboration et la supervision du programme sont des tâches qui incombent à un ergothérapeute expérimenté. La sécurité de l'enfant doit primer en tout temps.

Voici quelques conseils à suivre lors de la mise en œuvre d'un tel programme :

- Structurez les activités. Réservez des moments précis de la journée aux activités (avant ou après les repas par exemple).
- Écoutez l'enfant. Laissez l'enfant vous dire quelles activités il désire faire. Acceptez qu'il en veuille plus ou moins, mais veillez à ce que la stimulation ne devienne pas excessive. Soyez attentif à ses signaux non verbaux pendant les activités afin de déceler celles qui donnent les meilleurs résultats.
- Anticipez les réactions et les désirs de l'enfant afin de mieux répondre à ses besoins.
- Modifiez la routine et l'environnement. Procédez périodiquement à des changements afin de ne pas laisser l'ennui s'installer.
- Demandez l'avis du thérapeute. Il saura vous dire si la diète sensorielle répond adéquatement aux besoins de l'enfant.

Les suggestions suivantes sont adaptées de Kranowitz (1998) et d'autres sources mentionnées dans la bibliographie[2].

Exemples d'activités stimulantes destinées à l'enfant hyposensible :

- manger des aliments croustillants comme du maïs soufflé, des bretzels, des croustilles, des craquelins, des carottes, du céleri, des pommes et des glaçons ;
- boire des liquides effervescents et à diverses températures (eau minérale, boissons gazeuses) ;
- prendre une douche ;
- sauter ou se faire rebondir.

Exemples d'activités régulatrices et « organisantes » :

- manger des fruits secs, du fromage, des barres aux céréales et des croûtes de pain ou mâcher de la gomme ;
- se suspendre à une barre par les mains.

---

2. Note de l'adaptateur : Il s'agit là de pistes d'intervention qui doivent absolument être adaptées à chaque enfant. En effet, une même activité peut être stimulante pour un enfant et calmante pour un autre.

Exemples d'activités calmantes destinées à l'enfant hypersensible :

- sucer un bonbon, une sucette, une barre aux fruits congelée ou à la crème glacée ou une cuillerée de beurre d'arachide ;
- recevoir un massage du dos ;
- se bercer ou se balancer lentement d'avant en arrière ;
- prendre un bain.

Exemples d'activités favorisant l'intégration tactile :

- la « peinture à l'eau » : donnez à l'enfant un seau d'eau et un pinceau et proposez-lui de peindre le balcon ou le trottoir, ou de se peindre lui-même avec de la peinture imaginaire ;
- le dessin invisible : du bout du doigt, tracez des lettres ou des formes sur le dos de l'enfant et demandez-lui de les nommer ;
- le bac à sable : cachez de petits objets dans un bac à sable et demandez à l'enfant de les chercher les yeux fermés ;
- le bain : pour que l'enfant explore différentes textures, proposez-lui d'étendre de la crème à barbe ou de la lotion sur sa peau ; proposez-lui de se laver avec un gant de crin, un gant de toilette et une brosse de plastique ; après le bain, répandez de la poudre sur sa peau et massez l'enfant ; essayez de lui faire utiliser une brosse à dents électrique ;
- la lecture : incitez l'enfant à lire (avec ou sans vous) installé dans une berceuse ou un fauteuil poire ;
- les devoirs : utilisez un tableau blanc et des marqueurs à essuyage à sec ou encore un Magna Doodle pour les exercices de mathématique et de lecture ;
- les animaux de compagnie : donnez à l'enfant des occasions de caresser un chat ou un lapin, ou de brosser un chien ;
- le sandwich humain : proposez à l'enfant de se coucher à plat ventre sur un tapis d'exercice ; étendez de la « moutarde imaginaire » sur l'enfant avec des mouvements descendants fermes au moyen d'une éponge, d'un pinceau ou d'un gant de toilette ; repliez le matelas sur l'enfant et exercez des pressions fermes de haut en bas « pour enlever l'excédent de moutarde » ; l'enfant appréciera le caractère calmant des pressions profondes ;

- le déguisement : mettez à la disposition de l'enfant une boîte remplie de vêtements avec lesquels il pourra jouer à se déguiser ; choisissez des vêtements de textures variées (satin, soie, velours, cuir).

Exemples d'activités favorisant l'intégration vestibulaire :

- se balancer dans un hamac ;
- marcher sur des surfaces instables comme une plage, une pelouse ou un lit d'eau, ce qui oblige l'enfant à exécuter des mouvements de stabilisation ;
- se balancer : si l'enfant est sujet aux vertiges, assurez-vous au début que ses pieds touchent le sol ;
- tourner : proposez à l'enfant de monter dans un carrousel ou de se balancer sur un pneu suspendu ; à l'intérieur, fournissez-lui une chaise pivotante ou un jouet Sit'n Spin ;
- glisser : proposez à l'enfant de glisser assis, couché, de face et de dos ;
- nager, monter à cheval et jouer aux quilles : toutes ces activités favorisent l'intégration sensorielle ;
- jouer avec un ballon d'exercice (ballon suisse) : encourager l'enfant à essayer de garder son équilibre sur le ballon.

Exemples d'activités favorisant l'intégration proprioceptive :

- les tâches ménagères : demandez à l'enfant de transporter des sacs de provisions, des paniers de lessive, des contenants de détergent ou des piles de livres ; aidez l'enfant à pousser un aspirateur ; demandez-lui de vous aider à jardiner ou à creuser ;
- les poussées et les tractions : invitez l'enfant à pousser une poussette ou un chariot ;
- la pile d'oreillers : incitez l'enfant à plonger, rouler ou s'enfoncer dans une pile d'oreillers, de coussins ou de fauteuils poires ;
- les gros câlins : serrez fort l'enfant dans vos bras ;
- la préparation des repas : demandez à l'enfant de transvaser des haricots, du riz, du maïs ou de l'eau, de transporter des casseroles, des poêlons et des bols, de pétrir et d'abaisser de la pâte épaisse (pour développer ses muscles) et d'attendrir de la viande à l'aide d'un maillet ;

- le ballon : lancez un gros ballon ou un oreiller à l'enfant et demandez-lui de vous le renvoyer.

Exemples d'activités favorisant le développement de la **motricité fine** :

- le tamisage : étendez du papier journal par terre et munissez l'enfant de farine, d'une cuillère et d'un tamis ;
- les blocs et les casse-tête : mettez des blocs, des Lego et des casse-tête à la disposition de l'enfant ;
- le bricolage : fournissez à l'enfant des ciseaux, des crayons feutres, des craies, des crayons, de la peinture, des pinceaux, des plumes, des collants, une perforatrice, des cure-pipes, des boutons, des perles, de la ficelle, des timbres de caoutchouc, du ruban adhésif et des brillants ;
- la pâte à modeler : proposez à l'enfant de jouer avec de la pâte à modeler (de l'écraser, la pincer, la pétrir, la rouler, etc.) ; suggérez-lui de façonner une crêpe ou une balle ; fournissez-lui des objets qu'il pourra imprimer dans la pâte à modeler (des pièces de monnaie, des clés, des boutons, des trombones, etc.).

La communication est la clé du succès. Les parents, l'enseignant titulaire, le directeur de l'école ainsi que les enseignants d'arts plastiques, de musique et d'éducation physique doivent tous être informés des problèmes de l'enfant. Veillez à rester bref et positif dans vos communications. Évitez d'employer des termes comme *hypersensible aux sensations proprioceptives*, sauf si on vous demande des renseignements précis. Parents et enseignants peuvent s'échanger des suggestions d'activités gagnantes : « Mon fils est extrêmement sensible au toucher. À la maison, il se sent bien quand il a de l'espace autour de lui. Pouvez-vous tenir compte de ce besoin dans la classe ? »

L'avenir

Les troubles de l'intégration sensorielle s'atténuent parfois avec le temps, mais ne disparaissent pas complètement. L'enfant apprend à compenser ses difficultés en grandissant, mais il risque quand même d'éprouver certaines difficultés en accomplissant les tâches de la vie quotidienne. Il n'en reste pas moins qu'on lui rend le présent et l'avenir plus faciles en s'occupant correctement du problème.

Chapitre 9

Les tics et le syndrome de Gilles de la Tourette

Martin L. Kutscher

> «Les reniflements constants de Jérôme m'énervent! Certains de ses camarades disent que ça les distrait et d'autres commencent à l'agacer à ce sujet. Je sais que ce n'est pas sa faute mais, parfois, j'ai envie de lui demander d'arrêter. Et pourquoi est-il si nerveux? Pourquoi touche-t-il à tout?»

Quelques définitions

Que sont les tics?

Les tics sont des actions rapides et récurrentes qu'une personne accomplit sans que sa volonté n'intervienne. En règle générale, les tics vont et viennent, ou disparaissent et sont remplacés par d'autres tics.

Il existe plusieurs types de tics:

- Les tics moteurs simples. Ces tics font intervenir des muscles. Les plus courants sont des cillements, des plissements du nez, des mouvements oculaires et des projections du cou.
- Les tics moteurs complexes. Ces tics font intervenir plusieurs groupes musculaires. Il peut s'agir de torsions du corps, de sauts ou d'extensions subites d'un bras.

- Les tics vocaux. Ces tics produisent des bruits comme un reniflement, un toussotement, un cri perçant, un aboiement ou une répétition en écho des dernières paroles entendues. Une faible minorité seulement de patients ayant des tics vocaux présente une coprolalie, c'est-à-dire une émission involontaire de mots obscènes ou vulgaires. Il ne faut pas confondre la coprolalie avec un simple langage grossier. Les jurons sont reliés au contexte de la conversation chez la personne qui a un langage grossier, tandis qu'ils surviennent inopinément au beau milieu d'une phrase chez la personne atteinte de coprolalie: « Est-ce que je pourrais C-A-L-V-A-I-R-E avoir du sirop d'érable avec mes crêpes? » Il arrive aussi que la coprolalie consiste en l'émission de paroles déplacées. Par exemple, en voyant passer une personne handicapée, le patient atteint de coprolalie peut s'écrier: « Éclopé! »

Par ailleurs, les tics peuvent être soit *passagers,* soit *chroniques* (s'ils se sont manifestés pendant au moins un an, même de manière intermittente).

Qu'est-ce que le syndrome de Gilles de la Tourette?

Parmi les critères diagnostiques du syndrome de Gilles de la Tourette (que nous appellerons ici « syndrome de la Tourette » pour abréger), on trouve:

- une association d'au moins deux tics moteurs et d'au moins un tic vocal;
- une durée d'au moins un an des symptômes;
- une apparition avant l'âge de 18 ans.

Le syndrome de la Tourette est un trouble caractérisé par des tics vocaux et moteurs. C'est tout. Des parents m'ont déjà dit: « Maintenant que je suis capable de vivre avec les bruits et les mouvements de Gabriel, ne me dites pas qu'il a le syndrome de la Tourette! » Le syndrome de la Tourette n'est pas un trouble dégénératif. Il ne faut pas en avoir peur. La plupart des gens qui l'ont ne savent même pas qu'ils répondent aux critères diagnostiques.

Un problème complexe

À présent que j'ai donné une définition simplifiée du syndrome de la Tourette, il me faut avouer que les choses sont passablement plus complexes en réalité.

Le syndrome de la Tourette est très fréquemment associé à d'autres troubles. La psychologue Leslie Packer, une spécialiste du sujet, emploie le terme *syndrome de la Tourette «plus»* pour exprimer qu'un grand nombre de personnes ayant le syndrome de la Tourette sont aussi atteintes du trouble du déficit de l'attention/hyperactivité (TDA/H), du trouble obsessionnel-compulsif (TOC), d'anxiété, de dépression ou de troubles d'apprentissage (*voir le site Web www.tourettesyndrome.net*). Ainsi, 60 % des personnes atteintes du syndrome de la Tourette ont aussi le TDA/H ; inversement, 7 % des personnes atteintes du TDA/H ont des tics (Waslick et Greenhill, 2004, p. 492). Les troubles associés peuvent être aussi débilitants, sinon plus, que les tics eux-mêmes. Le syndrome de la Tourette est un trouble souvent présent lorsqu'un enfant est atteint de troubles multiples.

Voici quelques renseignements d'ordre médical (King et Leckman, 2004, p. 709-715) :

- Les tics se manifestent de façon transitoire chez 18 % des garçons et 11 % des filles atteints.
- Le syndrome de la Tourette est de trois à quatre fois plus fréquent chez les garçons que chez les filles.
- Une personne sur 200 présente une expression partielle du syndrome de la Tourette.
- Selon le DSM-IV-TR, la prévalence du syndrome de la Tourette est de 5 à 30 enfants sur 10 000 et de 1 à 2 adultes sur 10 000. De nombreuses études épidémiologiques estiment qu'entre 0,1 % et 2 % de la population seraient atteintes de ce syndrome.
- Si l'un des membres d'un couple de jumeaux a le syndrome de la Tourette, l'autre a plus de 50 % de probabilités d'en être atteint aussi. Le trouble est d'origine biologique au départ, puis il est influencé par des facteurs environnementaux, et cette interaction détermine le degré de son expression.

- Le TOC, l'anxiété, le TDA/H et les tics ont un caractère familial très marqué.
- Au point de vue physiologique, les tics sont dus à une perturbation de la boucle qui unit le cortex cérébral et les centres profonds du mouvement et des sensations. Le TOC et l'anxiété sont consécutifs à une perturbation similaire.
- Au point de vue biochimique, il semble que les tics soient reliés à un excès d'activité des neurotransmetteurs appelés dopamine et noradrénaline.

Qu'en est-il des «tics nerveux»?

Débarrassons-nous d'entrée de jeu d'une idée fausse: le stress ne cause pas de tics, sauf en présence d'une perturbation de nature biologique. Le stress peut cependant exacerber les tics (sans les causer) chez les gens qui y sont déjà prédisposés.

Pour mieux s'y retrouver, faisons une analogie avec la migraine. Le stress peut déclencher une migraine chez une personne qui y est déjà sujette, mais il serait absurde de dire à une personne migraineuse qui voit des éclats de lumière: «Comment peux-tu mal réagir au stress au point d'en vomir?» Le stress peut constituer un facteur exacerbant, mais le trouble préexiste.

Il arrive même que les tics atteignent leur point culminant dans les moments où l'enfant est totalement à l'aise, par exemple lorsqu'il est chez lui à regarder calmement la télévision avec ses parents. Il est important que parents et enseignants en soient informés, sinon ils risquent de se reprocher d'avoir causé du stress à l'enfant.

L'évolution naturelle des tics

Les tics ont pour seule constance d'être variables. Ils apparaissent sans raison apparente, se maintiennent pendant différents laps de temps, disparaissent, reviennent, ne réapparaissent jamais ou reviennent sous d'autres formes. La norme, c'est le changement. Les tics semblent culminer vers l'âge de 10 à 12 ans. À la fin de l'adolescence, ils diminuent considérablement chez un grand nombre d'enfants et disparaissent dans la moitié des cas.

Les tics peuvent s'intensifier en présence d'une maladie infectieuse, et en particulier d'une des affections englobées sous le nom de Pandas (pour *Pediatric autoimmune neuropsychiatric disorders associated with streptococcis,* c'est-à-dire « troubles neuropsychiatriques auto-immuns pédiatriques associés aux infections à streptocoques »).

L'enfant peut-il réprimer ses tics?

Il est inutile et improductif de demander à un enfant de réprimer ses tics. Cela ne marche pas, tout simplement. Après tout, bien des gens ne peuvent même pas prévoir l'apparition de leurs tics. Une chose est sûre : certains enfants sont capables d'inhiber leurs tics de manière subconsciente pendant un certain temps (pendant la pièce de théâtre de leurs camarades par exemple). De même, les tics ont tendance à s'atténuer pendant une activité captivante et pendant le sommeil. Certains enfants apprennent à masquer leurs tics en leur ajoutant un mouvement plus acceptable. Ainsi, un enfant peut dissimuler un tressaillement du bras en prolongeant le mouvement de manière à repousser une mèche de cheveux.

Il n'en reste pas moins que les tics répondent mal à la maîtrise consciente prolongée. Ils sont irrépressibles, comme le besoin de respirer : on peut retenir son souffle un certain temps mais pas indéfiniment. Alors, l'enfant peut-il réprimer ses tics? Oui, dans une certaine mesure mais, pour l'essentiel, non.

Le traitement et les adaptations

Je l'ai déjà indiqué : les tics vont souvent de pair avec d'autres troubles. Soyez à l'affût et renseignez-vous sur ces troubles en lisant les chapitres qui leur sont consacrés.

Comprendre l'enfant

Parler des tics : oui

En règle générale, les tics ne constituent pas un problème tant que personne ne harcèle l'enfant à ce sujet. Les membres de la famille, les amis et les enseignants vont les remarquer, c'est certain. Ils doivent seulement veiller à ne pas humilier l'enfant par des jugements ou des taquineries. Accepter, tel est le maître mot. Heureusement, la plupart des gens s'habituent aux tics au point de ne plus les remarquer, grâce à un processus appelé habituation.

Témoigner de l'empathie : oui

Il peut être utile de montrer à l'enfant que l'on reconnaît et comprend les difficultés qu'il éprouve. Il doit savoir qu'il y aura toujours quelqu'un à ses côtés pour l'écouter s'il le désire.

Leslie Packer propose dans son site Web (*www.tourettesyndrome.net*) des exercices qui visent à faire comprendre aux éducateurs ce que vit l'enfant[1]. Essayez de lire un livre alors que votre tête effectue un mouvement de côté toutes les cinq secondes. Allez ! C'est trop dur ? Essayez de lire ne serait-ce qu'une seule page. Vous trouvez ça énervant ? Imaginez une journée entière. Ça vous dirait d'aller dans un endroit public dans cet état ?

Bref, l'empathie, oui ! La disponibilité quand l'enfant la demande, oui ! Par contre, rappeler sans cesse les tics à l'enfant est inutile, voire nuisible.

Agacer l'enfant : non

Il est presque inévitable que les pairs interrogent l'enfant à propos de ses tics. Leur curiosité est légitime. En pareil cas, l'enfant pourrait répondre : « C'est mon cerveau qui me fait faire ça », ou « C'est une allergie » ou même « J'ai le syndrome de la Tourette. Ça cause des tics. Non, pas des tiques qui vivent dans l'herbe, mais des mouvements bizarres. Je vois un médecin. Merci de t'informer. » La plupart du temps, l'autre enfant répondra : « D'accord. Lance le ballon. » Voilà un échange parfaitement acceptable. Ce qui ne l'est pas, ce sont les humiliations.

Dans la classe

Informer les autres enfants

Dans certains cas, il peut être opportun que les parents ou l'enseignant informent les camarades de classe de l'enfant à propos des tics. Il est moins « drôle », en effet, d'importuner un pair au sujet d'une situation qu'il admet d'emblée. J'ai connu des enfants qui, dès le début de l'année scolaire, présentent un exposé à propos du syndrome de la Tourette. Si vous comptez discuter ouvertement du problème, veillez à consulter d'abord l'enfant et ses parents.

1. Note de l'éditeur : Ce site est en anglais.

Les conséquences des tics en classe

Nous venons de voir que les tics ne représentent un problème que si les autres en font toute une histoire. Or, les tics peuvent avoir des conséquences néfastes pour certains enfants, même si leur entourage a l'attitude appropriée :

- La présence des tics peut nuire à l'image de soi.
- Les tics peuvent gêner les activités de la vie quotidienne. Ainsi, des mouvements constants du cou ou des yeux peuvent entraver la lecture ou causer des douleurs. Une toux incessante peut déranger non seulement l'enfant, mais aussi la classe entière.
- Les mouvements peuvent entraver l'écriture et la lecture.
- Certains enfants consacrent tellement d'énergie mentale aux tics (à tenter de les réprimer ou de composer avec la gêne) qu'ils paraissent inattentifs.

Les adaptations dans la classe

Voici quelques suggestions d'adaptations inspirées des travaux de Leslie Packer :

- En tant qu'enseignant, donnez l'exemple. Si vous réagissez mal aux tics, à quoi pouvez-vous vous attendre de la part des élèves ?
- Permettez à l'enfant de se retirer si les tics deviennent trop intenses, surtout si l'enfant se trouve dans un lieu silencieux comme la bibliothèque, la salle d'étude ou l'auditorium.
- Ne demandez pas à l'enfant de se retirer. L'enfant aura le sentiment d'être puni pour des actes qu'il ne maîtrise pas.
- Accordez un surcroît de temps à l'enfant si les tics ralentissent son travail.
- Soyez créatif. Si, par exemple, la lecture à voix haute embarrasse l'enfant, exemptez-le de cette tâche. Si les tics gênent l'écriture, procédez à des examens oraux, adjoignez un « secrétaire » à l'enfant ou fournissez-lui un ordinateur.
- Soyez encore plus vigilant que d'habitude si l'enfant fait l'objet de railleries à la récréation ou pendant l'heure du dîner.
- Assignez à l'enfant une place stratégique. Certains enfants préfèrent s'asseoir à l'arrière de la classe afin que personne ne puisse voir leurs tics.

Les médicaments

L'information, la compréhension et le réconfort suffisent pour la plupart des enfants atteints de tics modérés. Si le syndrome de la Tourette persiste à faire la vie dure à l'enfant, il faut parfois ajouter la médication à la liste. Les médicaments n'éliminent pas les symptômes, ils ne font que les juguler les jours où l'enfant les prend. Autrement dit, l'absence de médication n'entraîne aucune conséquence néfaste à long terme sur le plan médical. Personne ne doit se reprocher de n'avoir pas entrepris la médication plus tôt. Un début plus hâtif n'aurait eu aucun effet sur les tics actuels.

Les vraies questions à se poser à propos du recours à la médication sont les suivantes :

- Est-ce que la présence des tics est juste ennuyeuse ou franchement nuisible ? Elle est nuisible si elle perturbe l'estime de soi ou le fonctionnement de l'enfant.
- Est-ce que les bénéfices de la médication dépassent les inconvénients des effets secondaires possibles à ce moment-ci de la vie de l'enfant ?

Les médicaments les plus fréquemment prescrits pour traiter les tics sont les suivants :

- **Catapres** (clonidine) est un médicament qui est souvent prescrit. Au Canada, **Tenex** (guanfacine) est prescrit avec permission au besoin. Ces deux médicaments agissent sur les tics et sur un éventuel TDA/H coexistant (sur l'impulsivité en particulier). L'effet secondaire le plus fréquent est la sédation.
- **Risperdal** (rispéridone) et d'autres neuroleptiques sont généralement efficaces contre les tics et peuvent aussi contribuer à juguler la colère et l'agressivité. Ils n'ont aucun effet sur l'inattention. Leurs effets secondaires les plus fréquents sont la sédation et le gain pondéral. Bien que rarement, ils ont aussi des effets secondaires potentiellement graves.

Notez que les stimulants prescrits pour traiter le TDA/H peuvent parfois influer sur la fréquence des tics. Consultez le chapitre 14 pour obtenir plus de renseignements sur la médication.

Chapitre 10

La dépression

Martin L. Kutscher

« Je ne sais pas ce qui est arrivé à Caroline. Elle a si peu d'énergie ! La petite lueur qu'elle avait dans les yeux est disparue. On dirait que rien ne la motive ou ne l'enthousiasme. Et elle est si irritable parfois ! Elle se met en colère pour un rien. À d'autres moments, elle se roule en boule et rien ne peut la faire lever. Ou bien elle est incapable de s'endormir le soir et de se réveiller le matin. Elle est toujours en retard. Ses habitudes alimentaires sont toutes à l'envers. On a cru qu'elle avait la maladie de Lyme ou la mononucléose, mais tous les tests sont négatifs.

« Elle essaie de faire bonne figure à l'école, mais ses notes sont en chute libre. Ses absences empirent la situation : elle n'arrive pas à se rattraper. Elle refuse l'aide qu'on lui propose. Elle dit que ça ne servirait à rien, que personne ne la comprend et que personne ne pourrait l'aider. »

La dépression et la dysthymie : définitions

L'American Psychiatric Association fait une distinction entre un épisode dépressif majeur et un trouble dysthymique. Le premier consiste en une maladie grave et le plus souvent limitée dans le temps, tandis que le second est plus chronique.

Un **épisode dépressif majeur** se caractérise par la présence *presque quotidienne depuis au moins deux semaines* de tristesse, d'un sentiment de vide ou d'une perte d'intérêt et de plaisir devant les activités habituelles. La personne peut éprouver des sentiments d'indignité ou de culpabilité et penser à la mort de façon récurrente. L'aptitude à se concentrer ou à prendre des décisions peut être diminuée. Avant l'âge adulte, tous ces symptômes peuvent se traduire simplement par de l'irritabilité. La dépression se manifeste également par des symptômes physiques comme des troubles du sommeil, de la fatigue, de l'agitation, une perte d'énergie ou une perte de poids involontaire (APA, 1994).

Un **trouble dysthymique** se caractérise par une humeur dépressive présente *la majeure partie du temps pendant au moins deux ans.* (Une irritabilité durant au moins un an suffit comme critère diagnostique chez les enfants et les adolescents.) La personne peut présenter des symptômes physiques semblables à ceux de l'épisode dépressif majeur. Les symptômes ne disparaissent jamais pendant plus de deux mois et ils entraînent une altération du fonctionnement (APA, 1994).

Les troubles de l'humeur peuvent prendre différentes formes au cours de la vie. Beaucoup de jeunes enfants sont incapables de verbaliser leur tristesse. Les seuls symptômes apparents pour les éducateurs sont l'irritabilité, la tendance à se bagarrer ou l'évitement. Par ailleurs, les jeunes enfants peuvent avoir des symptômes physiques comme des maux de tête et des douleurs abdominales. Les enfants plus âgés et les adolescents, quant à eux, sont susceptibles de présenter des symptômes plus typiques, tels la tristesse et le sentiment de vide, en plus d'une diminution de la motivation, de l'énergie et de l'estime de soi.

Les symptômes dans la vraie vie

La dépression passe facilement inaperçue chez les enfants. Les moins de sept ans, en particulier, sont souvent incapables d'exprimer clairement leur tristesse. Il nous faut surveiller l'apparition de symptômes variés :

- La tristesse. « J'ai de la peine, je ne sais pas pourquoi. »
- Le sentiment de vide. « Je me sens rien du tout. »
- La diminution de l'estime de soi. « Je ne suis bon à rien ! Je suis niaiseux. »
- Le repli sur soi et la perte d'intérêt. Une mère se plaint de son enfant : « Dormir. Ne rien faire. Dormir. Il ne veut rien faire d'autre que traîner dans la maison. »

- L'irritabilité. « Véronique a toujours l'air d'en vouloir à quelqu'un. Je ne sais pas pourquoi, mais elle est toujours d'humeur massacrante. Mon fils Nicolas, celui qui a le trouble du déficit de l'attention/hyperactivité (TDA/H), est heureux comme un roi tant que je le laisse tranquille. Il se fâche quand je lui demande quelque chose, passer à table par exemple. Ma fille déprimée, elle, traîne partout sa tête d'enterrement. Elle se fâche après moi même si je la laisse tranquille. »
- Les maux physiques. « Véronique a toujours mal quelque part, à la tête, à l'estomac, partout. J'ai consulté un tas de médecins. Ils lui ont fait passer des résonances magnétiques et des tests de sang. Ils me disent que c'est seulement du stress. »
- Les troubles du sommeil. « Véronique est incapable de s'endormir. Elle se fait toujours du souci. Parfois, elle dort tout l'après-midi. Elle n'arrive pas à se réveiller le matin et elle arrive toujours en retard à l'école. »
- Les perturbations de l'appétit. « Elle n'arrête pas de manger et elle engraisse. Pas étonnant qu'elle soit déprimée ! » La dernière chose dont un adolescent dépressif a besoin, c'est de la perturbation de l'image de soi associée à l'embonpoint. À l'inverse, la dépression peut aussi s'accompagner d'une perte de poids.
- Les difficultés de concentration. « Je n'y comprends rien. Elle n'a jamais eu de mal à se concentrer avant. » Si les difficultés de concentration apparaissent au deuxième cycle du primaire ou plus tard, il faut se garder de conclure trop rapidement à la présence du TDA/H. L'apparition soudaine de perturbations de l'attention doit plutôt nous faire soupçonner un autre problème, telles la dépression, l'anxiété, la consommation de drogues, etc.
- Le stress de la famille. « Je ne supporte pas de voir mon enfant dans cet état ! » L'inertie de l'enfant (de même que son irritabilité) est extrêmement difficile à tolérer. Mais il y a pire encore et c'est de voir son enfant malheureux.
- Le stress de l'enseignant. « Je me suis lancé dans l'enseignement pour communiquer ma passion de la matière aux enfants. Mais celle-ci, impossible de l'intéresser. Je lui propose mon aide, mais elle ne l'accepte jamais. » Qu'y a-t-il de pire pour un enseignant que d'avoir un élève incapable de toute motivation ?

- Les idées noires. C'est horrible mais c'est vrai : le suicide est l'une des principales causes de décès chez les adolescents. Nous devons tous faire preuve de vigilance et prendre les menaces de suicide au sérieux.

Les aspects neurobiologiques de la dépression

Comme les autres troubles de l'humeur, la dépression naît souvent de l'interaction entre des facteurs environnementaux et des facteurs biologiques. Preuve que la dépression est une maladie de nature biologique (et non simplement une « faiblesse de l'esprit ») : beaucoup d'enfants déprimés sont conscients que leur tristesse n'a aucun fondement. Elle leur semble importune, inacceptable et imposée de l'extérieur. On rencontre aussi des enfants déprimés qui perdent le sens des réalités et jugent que leur vie est véritablement horrible.

Au point de vue biochimique, il semble que la dépression soit due à une dysfonction largement héréditaire du cortex pariétal-temporal droit consécutive à :

- une insuffisance de la sécrétion de noradrénaline dans le cortex cérébral par les nerfs du *locus coeruleus* (une partie du tronc cérébral) ;
- une insuffisance de la sécrétion de sérotonine dans le cortex cérébral par le raphé médian (une autre partie du tronc cérébral).

Le rôle de certaines hormones est aussi à l'étude.

Le traitement

La psychothérapie

Le traitement de la dépression passe habituellement par la psychothérapie. Or, avant même d'entreprendre une thérapie, l'enfant doit admettre :

- qu'il *existe* un problème ; autrement, de quoi parlerait-il ?
- qu'il a un rôle à jouer ; autrement, pourquoi verrait-il le psychologue ? Si l'enfant pense que c'est le parent ou l'enseignant qui a un problème, il en conclut naturellement qu'*eux* devraient consulter !

Les adaptations à l'école

Les parents doivent susciter la collaboration des enseignants. Malheureusement, le stigmate rattaché aux « troubles psychiatriques » est si fort que, souvent, les enseignants restent dans le noir. Ils n'ont alors d'autre recours que de s'acharner sur l'enfant ou de s'en désintéresser. Pourtant, on peut faire beaucoup pour aider l'enfant à l'école.

- Accordez un sursis à l'enfant pour qu'il se rattrape. L'enfant déprimé s'absente souvent de l'école. Ne vous attendez pas à ce qu'il vous demande spontanément un coup de main. Il est déprimé.
- Évitez de penser que l'enfant choisit délibérément de ne pas faire d'effort. La perte de motivation est un signe de la dépression.
- Prévenez le cercle vicieux dépression ➤ échec scolaire ➤ aggravation de la dépression. Il ne faut pas laisser les difficultés scolaires exacerber la dépression sous-jacente.
- Tenez compte de la réduction de la durée d'attention qui accompagne la dépression (*voir le chapitre 3*).
- Rappelez-vous que l'enfant déprimé peut être physiologiquement incapable de se lever le matin. Il faut tolérer les retards attribuables à un problème médical et adapter l'horaire en fonction des besoins de l'enfant.
- Interrogez-vous sur l'existence de déclencheurs à l'école. Il n'est pas rare que le TDA/H passe inaperçu jusqu'au secondaire chez des filles intelligentes, charmantes et inattentives. Après s'être fait dire pendant des années qu'elles pourraient faire mieux, elles finissent par craquer. Il faut toujours se rappeler qu'un trouble peut causer, imiter ou exacerber les symptômes d'un autre trouble.
- Prenez les menaces de suicide au sérieux. Il est essentiel d'avertir sans délai les parents et les psychologues de toute menace de suicide proférée par l'enfant.

Le traitement médicamenteux

Étant donné les facteurs biochimiques de la dépression, il n'est pas étonnant que la médication joue souvent un rôle primordial dans le traitement.

Le traitement médicamenteux de la dépression repose en grande partie sur des agents appelés inhibiteurs sélectifs du recaptage de la sérotonine (ISRS). Ces médicaments, tel Prozac, empêchent la réabsorption de la sérotonine dans les synapses, entraînant ainsi une augmentation de la concentration de ce neurotransmetteur. Bien qu'ils soient prescrits aux enfants depuis plus de 10 ans, il n'existe encore qu'un petit nombre d'études contrôlées sur leur usage pédiatrique. Les ISRS sont efficaces chez 50 % à 66 % environ des enfants. Ils mettent de un à deux mois à produire leurs effets. En cas d'intolérance ou d'inefficacité d'un des ISRS, on peut en essayer un autre. Notez que même si plusieurs ISRS sont utilisés, seul Prozac est approuvé en pédopsychiatrie. Les ISRS peuvent avoir des effets secondaires et notamment aggraver le trouble bipolaire. Nous reviendrons sur le sujet au chapitre 14, où nous traiterons aussi d'autres antidépresseurs comme Wellbutrin et Effexor.

Avant la mise en marché des ISRS, les médecins prescrivaient principalement des antidépresseurs tricycliques comme Elavil et Anafranil. De nombreuses études contrôlées ont cependant démontré que ces agents n'ont aucun effet sur la dépression chez l'enfant.

Il faut parfois des mois pour trouver le bon médicament et le bon dosage. Et encore, les résultats ne sont pas toujours au rendez-vous.

L'avenir

La dépression est extrêmement répandue. Quel que soit le moment, de 1 % à 4 % des enfants vivent un épisode dépressif majeur. En tout et pour tout, de 15 % à 20 % des enfants connaissent un épisode dépressif majeur avant d'atteindre l'âge adulte (Weller *et al.*, 2004). C'est beaucoup d'enfants. On peut probablement en conclure que l'enseignant moyen a enseigné à une foule d'élèves déprimés sans le savoir.

La bonne nouvelle, c'est que 90 % environ des enfants atteints de dépression entrent en rémission en moins d'un an. La mauvaise, c'est que la moitié environ auront une rechute (Weller *et al.,* 2004).

La dépression suscite un sentiment de vide démesuré. La dépression est horrible ! Nous pouvons éprouver de l'empathie pour ceux qui en sont atteints.

Chapitre 11

Le trouble bipolaire

Martin L. Kutscher

«J'ai vraiment peur... On dirait qu'il est possédé. À certains moments, c'est l'enfant le plus gentil et le plus mignon qui soit. Il ferait n'importe quoi pour plaire. Puis, tout d'un coup, quelque chose prend le contrôle de son cerveau et il se tourne contre moi. Il crie, il hurle et il lance des objets. Une fois déclenchée, sa rage peut durer des heures. Il peut rester irritable et maussade pendant des jours. Parfois, il est si déprimé que je crains pour sa sécurité, sans parler de la mienne. Il peut aussi être en forme au point d'en perdre le jugement. Où va-t-il pêcher l'idée qu'il va devenir premier ministre un jour? Ça semble toujours pire à la maison. Les gens à qui j'en parle me regardent comme si, *moi*, j'étais folle. Mon beau-père était maniaco-dépressif, et ça l'a rendu alcoolique. J'ai si peur...»

Nom scientifique: dépression bipolaire. Ancien nom: maniaco-dépression. Appellation actuelle courante: trouble bipolaire. Quel que soit le vocable, cela peut être très difficile. Les changements d'humeur qui prennent le cerveau en otage sont terrifiants, déroutants et, souvent, dangereux. Les personnes atteintes ont en outre un risque très élevé de présenter aussi un des autres troubles présentés dans le présent ouvrage.

Qu'est-ce que le trouble bipolaire ?

Le trouble bipolaire est un trouble de l'humeur caractérisé par l'alternance entre deux extrêmes, soit des épisodes dépressifs (tristesse) et des épisodes maniaques (humeur exaltée et idées de grandeur). Les deux états peuvent cependant être entrecoupés de périodes variables de normalité relative.

Les symptômes du trouble bipolaire sont notamment :

- Des épisodes dépressifs marqués par des sentiments de tristesse, d'indifférence ou de vide pendant lesquels rien ne semble important ou intéressant à la personne ; l'appétit et le sommeil peuvent être perturbés (*voir le chapitre 10 pour plus de détails sur les épisodes dépressifs*).
- Des épisodes maniaques marqués par une humeur exaltée. La personne a des comportements expansifs, irréalistes, désorganisés et grandioses. Elle peut sembler sous pression et plus loquace que d'habitude. Ses idées ne s'enchaînent pas logiquement. L'adulte peut échafauder de grands projets (et entrevoir par exemple un changement de carrière) ou se mettre à consommer sans retenue. Mû comme un ouragan par une énergie incontrôlable, l'épisode maniaque peut soulever derrière lui une vague de stupéfaction et de dévastation.
- Une extrême irritabilité. L'irritabilité est la forme que prend le plus souvent l'épisode maniaque chez l'enfant ou peut être aussi un signe d'épisode dépressif.
- Un comportement très fortement orienté vers un but, souvent au détriment des autres besoins.
- Une altération du jugement.
- Les colères extrêmes qui peuvent durer pendant des heures. L'aspect cyclique de ces colères peut être plus évident chez les enfants plus âgés.
- Une extrême sensibilité aux stimuli.

Le trouble bipolaire peut aussi se manifester chez l'enfant par, notamment :

- une précocité ;
- une réduction du besoin de sommeil ;
- un appétit immodéré pour les aliments sucrés ;

- un comportement sexualisé ou un intérêt pour la sexualité excessif et inapproprié ;
- des traits oppositionnels ou obsessionnels ;
- des hallucinations ;
- une énurésie nocturne ;
- une anxiété de séparation marquée.

En règle générale, la plupart des symptômes se manifestent principalement à la maison. Certains parents sont surpris d'entendre que leur enfant se conduit comme un petit ange à l'école. Et certains enseignants sont tout aussi surpris d'apprendre que l'enfant est difficile chez lui.

Je vous recommande fortement de lire le livre intitulé *Cyclothymie : Troubles bipolaires des enfants et adolescents au quotidien* écrit par Elie Hantouche et Barbara Houyvet (*voir l'annexe 3, « Références et ressources », à la page 202*).

Un trouble caméléon

Le trouble bipolaire est un fin caméléon. Encore aujourd'hui, il passe souvent pour autre chose ou pour moins grave qu'il ne l'est. Comme tous les troubles présentés dans le présent ouvrage, il peut coexister avec d'autres, être confondu avec d'autres, en exacerber d'autres ou être exacerbé par d'autres. Une foule de troubles neuropsychiatriques sont associés au trouble bipolaire, tels le trouble du déficit de l'attention/hyperactivité (TDA/H), les comportements perturbateurs, les conduites illégales et la toxicomanie (Weller *et al.*, 2004).

Il faut soupçonner un trouble bipolaire plutôt qu'un TDA/H (ou en plus d'un TDA/H) en présence des symptômes suivants :

- des antécédents familiaux marqués de trouble bipolaire ou de toxicomanie ;
- des crises de colère et des sautes d'humeur prolongées (les épisodes agressifs, violents, sadiques et désorganisés peuvent durer des heures dans le trouble bipolaire, mais moins de 30 minutes dans le TDA/H) ;
- des colères généralement engendrées par l'imposition de limites de la part des parents (tandis qu'elles sont dues à la surstimulation dans le TDA/H) ;

- des attitudes hostiles (les enfants atteints du trouble bipolaire ont souvent une expression renfrognée sans raison apparente, tandis que les enfants atteints du TDA/H sont joviaux jusqu'à ce que quelqu'un ou quelque chose ne les contrarie ou les surstimule) ;
- des comportements d'opposition et de défiance ;
- des comportements « intentionnellement » agressifs, explosifs ou téméraires ;
- une aggravation des symptômes par les stimulants (comme Ritalin) ;
- une irritabilité matinale qui peut durer longtemps (comparativement à quelques minutes dans le TDA/H) ;
- une anxiété de séparation, des cauchemars, des perturbations du sommeil ou une fascination pour le morbide ;
- une totale imprévisibilité (on ne sait jamais d'un jour à l'autre à quel enfant on aura affaire).

Le trouble bipolaire chez l'enfant

Le trouble bipolaire fait généralement son apparition à la fin de l'adolescence ou au début de l'âge adulte. On pensait autrefois qu'il atteignait presque seulement des adultes, mais on s'aperçoit aujourd'hui qu'il se manifeste aussi chez l'enfant.

Les symptômes varient considérablement selon l'âge de la personne atteinte. Chez l'adulte, les changements d'humeur sont séparés par plusieurs jours ou même plusieurs mois. Chez l'enfant, cependant, les humeurs peuvent se succéder très rapidement, jusqu'à plusieurs fois par jour. Elles sont même simultanées dans certains cas. Par ailleurs, l'épisode maniaque est marqué chez l'enfant par l'irritabilité plutôt que par l'euphorie.

Le traitement

D'abord et avant tout, observez les principes d'intervention énumérés au chapitre 2. Toutes les suggestions que j'y donne sont particulièrement bien adaptées au trouble bipolaire. Relisez ce chapitre au besoin.

Dans la classe

Le trouble bipolaire est comme un animal qu'il faut amadouer en favorisant la prévisibilité, le calme et la sécurité. Imaginez un peu ce que c'est que d'être emporté inopinément par de monstrueux raz-de-marée d'émotions inexplicables. Les enfants atteints du trouble bipolaire ont besoin d'un environnement prévisible et calmant. Voici quelques suggestions en ce sens, des suggestions qui valent aussi, du reste, pour tous les élèves :

- Rendez le travail scolaire prévisible. Informez l'enfant et ses parents des événements hebdomadaires (des épreuves d'orthographe par exemple). Songez à inscrire au tableau l'horaire de la journée.
- Prévenez l'enfant des transitions. Puisque l'enfant peut être préoccupé, assurez-vous qu'il entend et comprend vos avertissements.
- Allongez les transitions. Permettez à l'enfant de terminer ses tâches avant de passer à autre chose. La précipitation peut lui causer une extrême frustration, et l'explosion d'une crise n'aidera personne.
- Faites fréquemment des pauses, planifiées ou non.
- Convenez de « codes secrets ». L'enfant pourra vous signaler par ces gestes la présence ou l'imminence de ses humeurs. Par exemple, un pouce en l'air pourraient signifier « ça va », tandis que cinq doigts écartés pourraient vouloir dire « stress ».
- Incitez l'enfant à prendre une minute de réflexion avant de faire un choix.
- Laissez l'enfant se retirer quand la tension monte et ne l'embarrassez pas de questions. Permettez-lui d'aller aux toilettes. Convenez d'un havre de paix (un lieu ou une personne) où il pourra trouver refuge. Planifiez ces activités-soupapes avant que le besoin ne s'en fasse sentir. Tenez compte des politiques de l'école en matière de sécurité.
- Si l'agitation de la classe déstabilise l'enfant :
  - installez-le dans un coin tranquille de la classe ;
  - placez-le à côté d'élèves calmes et tranquilles.

- Si l'enfant ne tolère pas le bruit qui règne à l'heure du dîner ou à la récréation, adjoignez-lui un aide ou permettez-lui de passer ces périodes dans des lieux tranquilles.
- Évitez la confrontation directe (*voir la deuxième règle, au chapitre 2, à la page 22*). Omettez les activités qui déclenchent des crises. Si, par exemple, l'enfant hurle avant d'aller au cours de musique (il pourrait aussi avoir un trouble de l'intégration sensorielle…), ne l'y envoyez pas. Donnez-lui le choix entre deux options possibles.
- Demandez les services d'un auxiliaire, si possible. Il est laborieux d'interrompre une leçon pour s'occuper d'un enfant en crise devant tous les autres élèves. Dans une classe d'intégration, quelques élèves ayant des besoins particuliers peuvent se partager les services d'un auxiliaire ou d'un éducateur spécialisé au sein d'un groupe d'enfants qui se situent dans la norme. Il est souhaitable que l'assistant possède la formation nécessaire pour composer avec les problèmes particuliers de l'enfant atteint du trouble bipolaire.

L'enfant atteint du trouble bipolaire a aussi besoin de beaucoup d'encouragement :

- Dites quelque chose de gentil toutes les cinq minutes. Faites 12 compliments pour chaque critique. Trouvez *quelque chose* de gentil à dire, ne serait-ce que : « Guillaume, j'apprécie que tu aies seulement crié après Thomas au lieu de l'avoir frappé comme la dernière fois. »
- Enseignez aux autres élèves à accepter la diversité. Expliquez aux pairs de l'enfant que chaque personne apprend et réagit à sa propre manière.

Rappelez-vous également que le fait de punir un enfant atteint du trouble bipolaire pour une crise de rage équivaut à punir un enfant épileptique pour une crise convulsive. Ne punissez pas l'enfant pour un comportement qui échappe à sa volonté. Ce n'est ni juste ni utile.

Le succès ou l'échec d'un enfant en cours d'année scolaire peut dépendre de la relation de l'enfant avec son enseignant. Vous répondrez mieux aux besoins particuliers de l'enfant si vous êtes capable :

- de souplesse (ne vous lancez pas dans des luttes de pouvoir, donnez des choix agréables, évitez les menaces et les ultimatums, car ils peuvent inciter l'enfant à faire de mauvais choix) ;
- de patience ;
- d'humour ;
- de réceptivité aux suggestions des autres.

Ne sous-estimez pas votre part de responsabilité dans les succès de l'enfant et ne surestimez pas non plus votre part de responsabilité dans ses échecs.

La communication entre l'école et les parents

Parents et enseignants doivent se garder mutuellement informés :

- des stratégies fructueuses et des stratégies infructueuses ;
- des événements qui se produisent dans leurs sphères respectives, car ils peuvent se répercuter dans les autres dimensions de la vie de l'enfant ;
- des aspects du travail scolaire à améliorer, de ceux qui causent du stress à l'enfant ou de ceux qui lui demandent trop de temps ;
- des moments de la journée les plus appropriés à différentes activités, puisque l'attention, la tolérance à la frustration et les effets des médicaments sont susceptibles de varier au cours de la journée.

Les enseignants et les parents sont les yeux et les oreilles du médecin pour ce qui est des effets de la médication. Le médecin s'en remet complètement à la rétroaction qu'il reçoit d'eux. En effet, les médecins ne peuvent juger de l'efficacité d'un médicament « dans la vraie vie » quand l'enfant se trouve dans leur bureau. Vous n'embêtez pas le médecin avec vos observations, vous lui rendez un service essentiel. Si vous les présentez de manière utile, vos commentaires seront bien reçus par tout le monde. Les médecins ont besoin que vous répondiez pour eux aux questions suivantes :

- Le médicament est-il efficace ?
- Son efficacité a-t-elle des hauts et des bas ?

- A-t-il des effets secondaires comme de la somnolence, de l'agitation ou une augmentation de l'appétit ?
- Est-ce que l'enfant a besoin de permissions spéciales, par exemple pour prendre des collations supplémentaires ou sortir de la classe pour boire de l'eau ?

Les parents et les enseignants devraient communiquer directement, au moyen du téléphone, du courrier électronique ou d'un journal que l'enfant transportera dans son sac à dos. En effet, on ne peut compter sur un enfant atteint du trouble bipolaire (surtout s'il a aussi un trouble oppositionnel avec provocation) pour rapporter de manière fiable et objective aux enseignants et aux parents ses propres tribulations.

Les épisodes maniaques

La vie d'un enfant atteint du trouble bipolaire est ponctuée de sautes d'humeur. Personne, ni l'enfant, ni les parents, ni l'enseignant, ne sait à quoi s'attendre d'une journée à l'autre. Durant les épisodes maniaques, l'enfant fera preuve soit d'une énergie expansive, soit d'irritabilité. Voici quelques conseils à suivre ces jours-là :

- Fournissez des exutoires physiques à l'enfant. Demandez-lui de distribuer et de ramasser les documents, de laver le tableau ou de porter la liste des présences au bureau de la direction. Laissez-le se lever et utiliser l'ordinateur.
- Proposez-lui des projets concrets et productifs.
- Aidez-le à se donner des objectifs réalistes et à choisir des projets d'envergure raisonnable.

Les épisodes dépressifs

- Lisez dans un premier temps le chapitre 10, qui porte sur la dépression.
- Montrez à l'enfant que vous le comprenez.
- Tolérez les retards matinaux reliés au trouble de l'enfant. La dépression rend le réveil difficile.
- Prenez au sérieux toute menace de suicide. Informez-en sans délai les parents et les intervenants.

- Tenez compte du manque d'attention de l'enfant pendant ses sautes d'humeur.

Classifier l'enfant

Il est important que les difficultés de l'enfant soient adéquatement reconnues. Par exemple, dans le système scolaire québécois, les enfants présentant des troubles peuvent se voir attribuer une cote qui permet souvent d'obtenir des ressources supplémentaires. L'enfant atteint de trouble bibolaire peut recevoir la cote 53, qui correspond aux troubles relevant de la psychopathologie. Sur le plan scolaire, les manifestations observées pour attribuer la cote 53 sont globalement les suivantes :

- Du point de vue des apprentissages :
  - risque important de difficultés ou de retards scolaires ;
  - disponibilité à l'apprentissage variable (par exemple, selon les moments de la journée ou d'une semaine à l'autre) ;
- Du point de vue du fonctionnement à l'école :
  - comportements pouvant porter atteinte à son intégrité physique ou psychologique, ou à celle des autres ;
  - difficultés d'ordre relationnel : risque de marginalisation ou d'isolement ;
  - difficultés à suivre un horaire scolaire normal de façon temporaire ;
  - absentéisme associé au trouble psychopathologique ou aux hospitalisations.

Le travail scolaire et les interactions sociales

Le trouble bipolaire est souvent associé à des troubles d'apprentissage, puisque l'enfant éprouve des difficultés dans les sphères suivantes :

- l'attention ;
- l'organisation et l'analyse des notions apprises ;
- la résolution de problèmes ;
- la mémorisation et le rappel des notions apprises ;

- les effets secondaires des médicaments, tels la sédation et même un léger ralentissement cognitif.

Occupez-vous également des difficultés qu'éprouve l'enfant en matière d'interactions sociales. Offrez-lui par exemple :

- de suivre des cours d'aptitudes aux interactions sociales ;
- de répéter les réactions appropriées en prévision de situations potentiellement problématiques (par exemple, inventer des situations puis écrire ou jouer les réactions productives, ou encore discuter de situations hypothétiques) ;
- de discuter en tête à tête des réactions inopportunes après un événement malencontreux.

Le trouble bipolaire coexiste très fréquemment avec le TDA/H (Weller *et al.*, 2004). Et même en l'absence d'un TDA/H, la durée d'attention de l'enfant peut diminuer au cours d'un épisode maniaque ou dépressif. Consultez le chapitre 3 et adoptez les stratégies suivantes :

- Diminuez la charge de travail de l'enfant (permettez-lui par exemple de faire quatre problèmes sur cinq). Concentrez-vous sur la qualité plutôt que sur la quantité.
- Accordez un surcroît de temps à l'enfant pour les examens et les devoirs.
- Vérifiez ses progrès fréquemment et donnez-lui des encouragements.
- Faites asseoir l'enfant près de vous.
- Évitez de surchauffer la classe ou de tamiser l'éclairage : cela peut nuire à l'attention.

Les médicaments

J'aborde au chapitre 14 l'épineuse question du traitement médicamenteux du trouble bipolaire. En effet, la médication fait partie intégrante du traitement en règle générale, bien qu'elle puisse entraîner d'importants effets secondaires.

Chapitre 12

Le trouble oppositionnel avec provocation

Martin L. Kutscher

C'est l'heure de la sieste à la prématernelle, et l'éducatrice demande à un petit garçon de quatre ans de s'étendre sur son matelas. Le petit garçon dit qu'il ne veut pas s'étendre. L'éducatrice insiste. Le petit garçon se dirige calmement vers son matelas, urine dessus et déclare: «Je n'ai pas à me coucher maintenant.» Ce fait vécu a été le signe avant-coureur d'un trouble oppositionnel avec provocation.

Qu'est-ce que le trouble oppositionnel avec provocation?

Soyez prévenu: le trouble oppositionnel avec provocation (TOP) nous décourage parfois de prendre le parti de l'enfant. Il entraîne souvent des comportements qui poussent notre capacité d'empathie jusqu'à son extrême limite.

Souvent d'origine biologique, le TOP est caractérisé par des conduites agressives, malveillantes, vindicatives et, quelquefois, cyniques. La personne atteinte manifeste une tendance persistante à refuser ouvertement de se conformer aux demandes (ce qui n'est pas la même chose que d'en être incapable en raison d'une surstimulation), à présenter des réactions excessives et à se mettre en colère. Elle peut refuser d'assumer la responsabilité de ses actes. L'enfant atteint du TOP peut contrarier délibérément les autres et contester ce que disent les adultes. Pour poser un diagnostic de TOP, les symptômes doivent être excessifs compte tenu de l'âge de l'enfant et causer une altération du fonctionnement (APA, 1994).

Le TOP se présente rarement seul. Il s'agit habituellement d'un groupe de symptômes consécutif à un autre trouble. Personnellement, je porte rarement un diagnostic primaire de TOP. Les comportements indésirables se résorbent généralement lorsqu'on traite le trouble sous-jacent.

Les types de comportements perturbateurs

Le TOP est le moins grave des trois types de comportements perturbateurs. Vous trouverez des définitions complètes de ces troubles dans le DSM-IV (APA, 1994).

- Le TOP. L'enfant refuse d'accomplir les tâches qu'on lui demande de faire (même si elles sont intéressantes). Il peut être négatif, volontairement agaçant, obstiné, colérique et malveillant. Il semble se complaire à faire la vie dure aux autres.
- Le trouble des conduites. L'enfant est manifestement hostile et il enfreint les lois sans remords. Il transgresse les droits d'autrui et, par exemple, vole, fait preuve de cruauté envers les personnes ou les animaux, etc.
- Le trouble de la personnalité antisociale. La personne peut accomplir fréquemment des actes passibles d'arrestation.

Heureusement, la grande majorité des comportements perturbateurs appartiennent à la catégorie du TOP. Le trouble des conduites et le trouble de la personnalité antisociale dépassent la portée du présent ouvrage.

Le TOP au cours de la vie

De 5 % à 15 % des enfants d'âge scolaire répondent aux critères diagnostiques du TOP. Plus fréquent chez les garçons que chez les filles pendant l'enfance, le TOP atteint autant de filles que de garçons pendant l'adolescence (Tynan, 2003).

Le petit enfant atteint du TOP manifeste de l'irritabilité, de l'entêtement, de la rigidité, de l'agressivité, des réactions intenses et des crises de colère. Ces comportements peuvent être intensifiés par le stress familial ou par des méthodes d'éducation inconstantes ou excessivement rigoureuses. Les symptômes comportementaux peuvent accaparer l'attention au point que l'on ne considère pas les problèmes sous-jacents (des troubles d'apprentissage par exemple).

À l'âge scolaire, les conséquences des symptômes s'élargissent aux enseignants, aux adultes et aux pairs. L'agressivité et l'inaptitude aux interactions sociales entraînent le rejet et des comportements de recherche d'attention. Souvent, l'enfant interprète mal les actions de ses pairs. Comme il est dépourvu des aptitudes sociales et verbales qui lui permettraient de résoudre les conflits, il peut devenir physiquement agressif. Beaucoup d'enfants atteints du TOP ne comprennent pas qu'ils ont eux-mêmes contribué à leur problème et rejettent plutôt le blâme sur les autres, ce qui représente une source supplémentaire de stupéfaction et d'exaspération pour ceux qui les entourent. À mesure que l'enfant vieillit, les premiers symptômes de provocation ouverte peuvent s'accompagner d'activités sournoises comme le vol ou le mensonge.

Ce cortège de symptômes peut être difficile à corriger, même au prix d'une intervention maximale. Un enfant agressif a de fortes chances de devenir un adulte agressif. Il y a un risque accru d'apparition d'un trouble des conduites grave chez les enfants qui présentent très tôt des symptômes particulièrement intenses et dont les comportements s'aggravent avec le temps. Les querelles entre les parents, la maltraitance et la consommation de drogues et d'alcool peuvent exacerber le problème.

Les troubles concomitants

Le TOP constitue un trouble en soi et peut être diagnostiqué comme tel. Le plus souvent, néanmoins, il est diagnostiqué en association avec d'autres troubles, comme le trouble du déficit de l'attention/hyperactivité (TDA/H), le trouble bipolaire, la dépression ou l'anxiété.

Le TOP et le TDA/H

Les spécialistes estiment à 50 % la proportion d'enfants atteints du TDA/H qui ont aussi un comportement perturbateur (Tynan, 2003). Même en l'absence d'un TOP en bonne et due forme, de nombreux enfants atteints du TDA/H mentent, jurent, s'emparent d'objets qui ne leur appartiennent pas, blâment les autres, font preuve d'une grande susceptibilité ou sont facilement agacés par autrui.

Il n'y a pas de quoi s'étonner compte tenu du fait qu'un grand nombre des enfants atteints du TDA/H ont aussi un trouble des fonctions exécutives. Ils ont de la difficulté à inhiber leur comportement, à anticiper les conséquences de leurs actes et à apprendre de leurs erreurs. Pas surprenant, à ce compte, qu'ils ne cessent de se heurter aux autres. Par ailleurs, les comportements indésirables ont tendance à être plus impulsifs chez l'enfant atteint du TDA/H que chez l'enfant atteint du TOP. Ainsi, un enfant atteint du TDA/H peut lancer un juron lorsque ses parents l'invitent à passer à table pour un savoureux repas préparé à son intention. Ce comportement résulte vraisemblablement de l'extrême frustration associée à une transition. L'enfant atteint du TOP, pour sa part, semble manifester des comportements indésirables pour le plaisir d'embêter tout le monde. Il jure quand ses parents lui demandent de passer à table parce qu'il a véritablement l'intention de leur empoisonner la vie. Enfin, l'enfant atteint du TDA/H est habituellement capable de remords (après le fait, au moins), contrairement à l'enfant atteint du TOP.

La plupart des enfants (y compris ceux qui ont le TDA/H) choisissent instinctivement de plaire aux autres quand ils le peuvent. Lorsque les comportements indésirables découlent simplement d'une surstimulation ou d'une incapacité de surmonter la frustration présente, j'ai personnellement tendance à les classer quelque part dans le spectre élargi des symptômes du TDA/H. Comme je l'ai dit, je porte assez peu souvent un diagnostic de TOP.

Le TOP, la dépression, l'anxiété, le trouble obsessionnel-compulsif et le trouble bipolaire

Les enfants déprimés et anxieux peuvent traverser des périodes au cours desquelles leur estime de soi atteint des creux très inquiétants. Ils se sentent « acculés au pied du mur » quand on leur demande quelque chose. Leur système nerveux surmené produit une réaction de lutte ou de fuite. L'anxiété déclenche souvent des comportements oppositionnels chez les enfants atteints d'un trouble du spectre de l'autisme. Nous constatons encore une fois qu'un trouble peut être la cause d'un autre, et que les troubles peuvent s'influencer négativement les uns les autres.

Le traitement

Parents et enseignants peuvent procéder à des interventions simples pour atténuer les symptômes du TOP.

- Dépistez et traitez les troubles associés qui peuvent engendrer ou aggraver le problème, soit le TDA/H, le trouble bipolaire, la dépression, le trouble obsessionnel-compulsif, l'anxiété, les troubles du spectre de l'autisme et les troubles d'apprentissage. Cela est essentiel.
- Revoyez les suggestions données au chapitre 2, la deuxième règle en particulier :
  - Choisissez vos batailles.
  - Évitez les confrontations.
  - Restez calme.
  - N'entamez pas une discussion avec un cerveau échauffé (le vôtre ou celui de l'enfant). Attendez que les esprits se soient refroidis.
- Ne réagissez pas par des émotions négatives au comportement de l'enfant. Vous ne feriez que le renforcer. Ignorez ses commentaires désobligeants ou énoncez calmement la punition que vous aviez préalablement établie pour l'infraction.
- Déterminez la réaction que vous aurez aux problèmes avant qu'ils ne surviennent. La réaction planifiée sera vraisemblablement plus raisonnable et plus utile qu'une réaction manifestée dans le feu de l'action.
- Choisissez des punitions raisonnables, c'est-à-dire des punitions qui enseigneront quelque chose à l'enfant et que vous serez capable de mettre en œuvre.
- Trouver un point positif pour lequel vous pourrez féliciter l'enfant et sur lequel vous pourrez vous concentrer. Récompensez la souplesse et la coopération.

N'oubliez pas non plus de prendre soin de vous (de bien dormir, de bien manger et de vous amuser). Protégez également vos relations interpersonnelles, car l'enfant atteint du TOP en exploitera toutes les faiblesses. Par ailleurs, il est impératif que toutes les personnes qui jouent un rôle dans la vie de l'enfant communiquent directement les unes avec les autres. Le psychiatre Jim Chandler (à qui je dois une bonne part des suggestions de ce chapitre) conseille de ne jamais croire ce que l'enfant atteint du TOP dit à propos des autres. Cet enfant est passé maître dans l'art de rejeter le blâme sur autrui. Il parle à ses parents de façon inexacte de ses rapports avec ses enseignants, et vice versa. Il fait de même par rapport aux relations qu'il entretient avec son père et sa mère.

- Convenez de communiquer directement avec les autres éducateurs avant que les problèmes ne surviennent.
- Planifiez des rencontres régulières entre les parents et les enseignants.
- Vérifiez toutes les allégations de l'enfant en communiquant directement avec les personnes en cause.

Je vous suggère fortement de limiter le « temps d'écran », c'est-à-dire la pratique de toutes les activités qui se font au moyen d'un écran : la télévision, les jeux vidéo, les jeux d'ordinateur, les messageries électroniques et la navigation dans Internet. Ces activités peuvent entraîner une dépendance, enseigner des comportements indésirables et causer de l'agitation. De plus, il est difficile d'en détourner l'enfant une fois qu'il a commencé. L'American Academy of Pediatrics recommande de limiter à une ou deux heures par jour le temps consacré à ces activités. En revanche, le fait d'accorder du temps d'écran à titre de récompense pour un bon comportement peut constituer un puissant levier.

Si les symptômes s'aggravent au lieu de s'atténuer, il faut demander de l'aide professionnelle. Les problèmes sont plus faciles à juguler si les interventions commencent tôt. Plusieurs possibilités s'offrent à vous :

- l'aide professionnelle pour le traitement des troubles concomitants (TDA/H, dépression, trouble d'apprentissage, etc.) ;
- la thérapie familiale (afin d'améliorer la communication et d'étudier la question de la violence ou des mauvais traitements) ;

- les cours de gestion parentale (pour mettre un terme à la détérioration des relations entre l'enfant et les parents) ;
- les groupes de développement d'habiletés sociales (pour que l'enfant apprenne à être souple et à tolérer ses pairs) ;
- la psychothérapie individuelle, par exemple la thérapie cognitivo-comportementale (pour que l'enfant acquière les aptitudes à la résolution de problèmes).

Il a été démontré que les familles obtiennent de bons résultats lorsqu'elles associent les cours de gestion parentale pour les parents et les groupes de développement d'habiletés sociales pour l'enfant. Les études demeurent néanmoins plutôt rares en ce qui a trait aux meilleures techniques de gestion.

Le traitement médicamenteux

Il n'existe pas de médicament qui modifie directement le « caractère ». Il n'en reste pas moins qu'il faut souvent recourir à la médication pour traiter les troubles sous-jacents ou coexistants qui engendrent les symptômes du TOP. La médication est très efficace pour le traitement du TDA/H, de la dépression, du trouble bipolaire et des troubles anxieux.

Les médicaments comme les régulateurs de l'humeur (tels Epival, Lamictal et Tégrétol), les neuroleptiques atypiques (tel Risperdal et Catapres) atténuent dans certains cas l'impulsivité et l'agressivité. J'en traiterai au chapitre 14.

Chapitre 13

Le trouble du traitement auditif

Martin L. Kutscher

Enseignante: Les amis, s'il vous plaît, taisez-vous, retournez à vos places, ouvrez votre livre de mathématique à la page 46 et faites un problème sur deux en commençant par le numéro 3.

Silence. Xavier n'a plus rien compris après «taisez-vous».

Enseignante: Xavier, tu n'as même pas ouvert ton livre. Pourtant, je sais que tu es bon en mathématique. Tu n'as pas fait ce que je viens de te demander. Tu n'es pas à ton affaire!

Que s'est-il passé?

Qu'est-ce que le traitement auditif?

Lorsqu'une vibration sonore atteint le tympan, une série de petits os transmet l'information aux récepteurs nerveux situés dans l'oreille interne. Ces récepteurs expédient à leur tour l'information vers le cerveau par l'intermédiaire des nerfs auditifs. Le traitement auditif est le processus par lequel le système nerveux central transforme l'information auditive brute en messages intelligibles. Autrement dit, le traitement auditif consiste en l'analyse et l'interprétation de l'information provenant des oreilles. En termes plus simples encore, il s'agit de ce que fait le cerveau avec ce que l'oreille entend.

Le trouble du traitement auditif (TTA) est une perturbation d'un ou de plusieurs aspects de ce processus. Il peut apparaître isolément ou en association. On estime qu'il touche de 2 % à 3 % de la population et deux fois plus de garçons que de filles (Schminky et Baran, 1999). Voilà pour les données essentielles. Étudions maintenant de manière plus détaillée les divers mécanismes qui participent au traitement des sons que nous détectons. Notez que ces étapes se chevauchent et sont indissociables. Ne vous laissez pas impressionner par les termes savants : ils sont somme toute assez descriptifs.

- La discrimination est la capacité de distinguer la hauteur, la durée et l'intensité des sons. Cette fonction fondamentale est essentielle au progrès d'un élève dans presque toutes les disciplines.
- La discrimination auditive est la capacité de distinguer des mots à consonance similaire, tels « tas » et « pas ». La présence de bruits de fond nuit considérablement à cette fonction chez les enfants atteints d'un TTA.
- La localisation auditive est la capacité de déterminer l'origine d'un son et, par conséquent, l'objet de l'attention.
- L'attention auditive est la capacité de demeurer attentif à un son.
- La séparation figure-fond est la capacité de séparer le son principal (la « figure », la voix de l'enseignant par exemple) du fond sonore (les autres bruits de la classe). Rappelez-vous lorsque vous essayez d'écouter les propos d'un ami dans une soirée bruyante. Imaginez maintenant une journée entière.
- La suppléance auditive est le processus par lequel nous pouvons comprendre un mot ou un message même s'il est incomplet ou dégradé. Normalement, le système nerveux est capable de combler les vides. Dans une soirée bruyante, pour en revenir à cet exemple, vous êtes capable de tenir une conversation complète même si vous perdez une grande partie des paroles de votre interlocuteur.
- La synthèse auditive est la capacité de fusionner des phonèmes (des sons) isolés en mots. Pour former le mot *chat,* par exemple, il faut fusionner les sons « ch » et « a ». Évidemment, il s'agit là d'une étape essentielle de l'apprentissage de la lecture.
- L'analyse auditive est la capacité de discerner des parties de mots enchâssées dans d'autres mots (« aime » dans « aimeront » par exemple). Cette capacité est essentielle à l'apprentissage des temps verbaux.

- L'association auditive est la capacité d'attacher une signification à un bruit que nous avons réussi à isoler et à identifier comme un son ou un mot. Il est par exemple renversant que la plupart des gens comprennent instantanément que les sons « b-o-a » signifie « un gros serpent ».
- La mémoire auditive est la capacité d'emmagasiner puis de se rappeler les sons entendus.

À cette liste d'aptitudes, il faut en ajouter trois autres qui ne sont pas propres au traitement auditif, soit l'attention, le langage et la mémoire.

Toutes les étapes du traitement auditif appartiennent à la sphère sensorielle du langage et se déroulent principalement dans le tronc cérébral et dans les lobes temporaux. Elles doivent toutes s'accomplir avant que n'entrent en jeu les processus cognitifs dont le siège se trouve ailleurs dans le cerveau, dont planifier la réaction à ce que nous venons d'entendre, exprimer cette réaction et agir en conséquence. Tout bien réfléchi, il est étonnant que nous soyons capables de communiquer !

Le diagnostic du TTA

Les symptômes

Étant donné toutes les aptitudes qui sous-tendent le traitement auditif, la liste des symptômes possibles des TTA est évidemment étendue. Celle que j'en donne ici comprend quelques-uns des signaux d'alarme qui devraient nous inciter à *envisager* la possibilité d'un TTA et à pousser plus loin l'évaluation. Malheureusement, il arrive très fréquemment que le TTA accompagne, imite ou aggrave d'autres troubles, dont le trouble du déficit de l'attention/hyperactivité (TDA/H) et les troubles du langage.

Envisagez l'existence d'un TTA en présence d'un élève qui :

- a de la difficulté à entendre dans un environnement bruyant ou au téléphone ;
- a de la difficulté à comprendre en présence de bruits qui entrent en compétition (nous avons tous un peu de difficulté à *entendre* dans une pièce bruyante. L'enfant atteint d'un TTA, lui, a de la

difficulté à *comprendre*. Pour lui, les bruits parasites étouffent la voix de l'enseignant et, pire encore, la rendent inintelligible) ;

- est exceptionnellement sensible au bruit ou s'en plaint ;
- a de la difficulté à localiser l'origine d'une voix ;
- a de la difficulté à fixer et à maintenir son attention, surtout en présence de bruits qui entrent en compétition ;
- a de la difficulté à suivre une série de consignes, surtout si elles sont données en une seule phrase ;
- a de la difficulté à suivre une longue conversation ;
- a de la difficulté à se rappeler l'information présentée oralement (l'enfant atteint d'un TTA peut préférer utiliser des sous-titres) ;
- confond les mots à consonance similaire ;
- a de la difficulté à apprendre une langue étrangère ou des mots peu usités ;
- ne porte pas attention à la personne qui parle ;
- ne comprend pas (« Je t'ai entendu, mais je ne sais pas ce que tu veux dire. ») ;
- a de la difficulté à s'organiser ;
- a des difficultés non verbales (en matière d'appréciation de la musique par exemple) ;
- a un quotient intellectuel (QI) verbal inférieur au QI de performance ;
- obtient de faibles résultats aux tests psychoéducatifs oraux ;
- a des difficultés en orthographe, en lecture ou en expression orale (si l'enfant n'entend pas bien les mots, l'exécution de toutes les tâches fondées sur la phonétique est compromise) ;
- a un faible rendement scolaire sans raison apparente ;
- présente une perte auditive.

Les différences entre le TTA et le TDA/H

Il est facile de confondre le TTA et le TDA/H (le type inattention prédominante en particulier), car ils peuvent coexister chez une même personne et ont quelques symptômes en commun. Dans les deux cas, en effet, l'enfant :

- a des difficultés d'attention ;
- a de la difficulté à distinguer le son principal des bruits de fond ;
- a de la difficulté à suivre une série de consignes.

Le tableau 13.1 présente les principaux traits distinctifs des deux troubles.

Tableau 13.1 Le parallèle entre le TDA/H et le TTA

TDA/H	TTA
L'enfant a de la difficulté à se concentrer sur toutes les tâches qui ne le captivent pas totalement.	L'enfant a de la difficulté à se concentrer sur les tâches qui font appel à l'écoute.
L'enfant a plus de difficulté à se concentrer sur l'information en présence de bruits de fond.	La présence de bruits de fond brouille l'information et la rend inintelligible pour l'enfant.
L'enfant est capable de comprendre ce qu'on lui dit une fois qu'on a obtenu son attention.	L'enfant a de la difficulté à comprendre l'information donnée oralement, même s'il est attentif.
L'enfant éprouve des difficultés en matière de fonctions exécutives.	Les fonctions exécutives demeurent relativement intactes tant que l'enfant comprend ce qu'il doit faire.
L'enfant peut manifester de l'hyperactivité, des réactions excessives ou de l'impulsivité.	L'enfant ne présente pas de comportements perturbateurs, sauf s'il éprouve de la frustration face au travail scolaire.
L'enfant ne présente pas d'altération de la mémoire.	L'enfant peut présenter des altérations de la mémoire auditive.

Le dépistage

Comme nous l'avons vu, les signaux d'alarme qui devraient nous faire soupçonner la présence d'un TTA varient considérablement et certains d'entre eux n'ont rien de très spécifique. Une fois alertés, nous devons procéder à une évaluation, même si cette démarche comporte aussi des lacunes. Le dépistage complet du TTA nécessite un équipement spécialisé et incombe à un audiologiste.

En général, les examens ne sont fiables que pour les enfants de plus de sept ans, bien qu'on puisse en effectuer quelques-uns dès l'âge de cinq ans. Par ailleurs, les résultats sont difficiles à interpréter chez les enfants ayant un QI faible, des troubles du langage ou un TDA/H. Le dépistage du TTA s'intègre habituellement à une évaluation psychoéducative globale. Le choix des examens se fait en tenant compte des symptômes cliniques de l'enfant.

Les descriptions suivantes vous aideront à comprendre le déroulement de quelques examens spécialisés de même que les problèmes particuliers qu'ils visent à détecter.

- L'évaluation de l'audition périphérique (audiogramme). On s'assure d'abord que l'enfant est capable d'entendre des sons de fréquences et d'intensités variées. Une perte auditive n'élimine pas la possibilité d'un TTA, mais rend évidemment le dépistage plus difficile.

- Les potentiels évoqués auditifs du tronc cérébral. Cet examen est une électroencéphalographie en miniature. On transmet à l'aide d'un casque d'écoute des sons qui provoquent des réponses dans le système nerveux. Les électrodes placées sur la tête de l'enfant détectent les éventuels retards de la transmission des influx électriques dans le tronc cérébral et le reste du cerveau.

- Les tests vocaux dichotiques sont présentés dans les deux oreilles, simultanément ou en superposition partielle. L'enfant répète les mots. On peut lui demander d'énoncer tout ce qu'il a entendu, ce qui permet d'évaluer son écoute même quand son attention se partage entre des sources multiples. On peut aussi lui demander d'énoncer seulement ce qu'il a entendu dans une oreille, ce qui permet de déterminer dans quelle mesure il peut diriger son attention.

- Les tests d'intégration/interaction binaurale. On présente différentes parties d'un signal à chaque oreille et on mesure la capacité de les intégrer en un son unique. Par exemple, on émet le son « ch » dans l'oreille droite et le son « a » dans la gauche. L'enfant qui se situe dans la norme n'a aucune difficulté à intégrer ces sons pour former le mot *chat*.

Le traitement à la maison et à l'école

Le TTA englobe des difficultés si diverses qu'on ne peut formuler de recommandations qui conviennent à tous les enfants atteints. Il faut plutôt élaborer un programme adapté aux déficits particuliers de chacun. Le traitement consiste globalement à modifier l'environnement, à s'attaquer directement au déficit et à le contourner. Un bon nombre des suggestions qui suivent sont tirées de *Technical Assistance Paper* du Florida Department of Education (2001).

Assignez à l'enfant une place stratégique :

- Placez-le près de l'action, c'est-à-dire de préférence à une distance de 1 m à 1,5 m du centre névralgique de la classe ; n'excédez pas une distance de 2 m à 2,5 m. L'enfant pourra ainsi tirer le meilleur parti des signaux visuels et auditifs et demeurer attentif. Si le centre névralgique de la classe se déplace, déplacez aussi l'enfant.
- Éliminez les bruits parasites. Les bruits de fond rendent l'information inintelligible pour l'enfant atteint d'un TTA. Évitez donc de le placer près des portes, des fenêtres, des aquariums munis de filtres bruyants, des appareils d'éclairage qui bourdonnent, des toilettes, etc.
- Au besoin, aménagez un espace de travail silencieux juste pour l'enfant, à l'école comme à la maison.
- Au besoin, fournissez des bouchons d'oreille ou un atténuateur acoustique à l'enfant. Pour éviter de le stigmatiser, laissez les autres élèves en porter aussi.

Obtenez et conservez l'attention de l'enfant :

- Sollicitez son attention visuelle et auditive. Vous favoriserez ainsi l'apprentissage multisensoriel, essentiel aux enfants dont un des sens est altéré.
- Établissez un contact visuel avec l'enfant quand vous lui parlez (à moins que cela ne l'embarrasse). À la maison, éteignez le téléviseur. Assurez-vous que vous vous trouvez dans la même pièce que l'enfant lorsque vous lui parlez.
- Attirez l'attention de l'enfant avec des directives comme « C'est important ! » ou « C'est à retenir ! ».

- Marquez clairement les transitions en prévenant l'enfant à l'avance et en lui donnant des consignes appropriées pour la nouvelle tâche.
- Établissez un horaire prévisible.
- Fournissez de l'aide à l'enfant pour la prise de notes. Il peut en effet avoir de la difficulté à prêter attention à l'enseignant, à capter sa voix et à prêter des prêter simultanément.
- L'enfant peut manifester plus de difficultés d'attention à l'école en raison du brouhaha qui y règne. Par ailleurs, ses difficultés peuvent aussi s'intensifier à la maison en raison de la fatigue. Ne lui faites pas de reproches s'il écoute mieux à l'école qu'à la maison.

Quand vous parlez à l'enfant :

- Parlez clairement, lentement et assez fort pour qu'il vous comprenne.
- Variez votre ton de voix et votre débit afin de conserver l'attention de l'enfant et de souligner les notions importantes.
- Faites des gestes naturels pour accompagner vos propos, mais évitez les gestes excessifs qui pourraient distraire l'enfant.
- Donnez des consignes simples et directes.
- Donnez les consignes une à la fois, selon un ordre logique.
- Laissez à l'enfant le temps d'assimiler chaque consigne.
- Répétez les consignes au besoin, en les reformulant plus simplement autant que possible.
- Faites la démonstration des consignes autant que possible. Si vous êtes enseignant, écrivez les consignes à mesure que vous les énoncez. Écrivez les étapes d'une tâche.
- Ne présupposez pas que l'enfant comprend les aspects subtils de vos commentaires.
- Encouragez l'enfant à demander des éclaircissements au besoin. Ne dites jamais : « Quoi, tu n'écoutais pas ? »
- Vérifiez la compréhension de l'enfant en lui demandant de répéter dans ses mots ce qu'il a entendu.
- Vérifiez la compréhension de l'enfant en évaluant fréquemment ses progrès. Assurez-vous qu'il exécute le travail en se conformant

aux consignes. Vous lui éviterez ainsi la frustration de réussir haut la main la mauvaise tâche.

- Soyez à l'affût des comportements d'évitement, qui peuvent en réalité signaler que l'enfant ne comprend pas.
- Visez autant que possible un rapport égalitaire élèves-enseignant.
- Demandez à un pair de l'enfant de lui donner des explications.

Les parents, les enseignants et l'enfant lui-même ont intérêt à faire équipe et à s'informer mutuellement des stratégies d'apprentissage les plus fructueuses.

Employez la stratégie de l'aperçu-révision :

- Révisez les notions déjà présentées avant d'en aborder de nouvelles.
- Donnez un aperçu de la leçon avant de l'amorcer. Il peut s'agir d'un résumé des nouvelles notions ou d'une lecture à faire à la maison avant la leçon.
- Établissez des liens entre l'information et le quotidien de l'enfant.
- Tracez un schéma au tableau pour résumer la leçon. Inscrivez aussi les nouveaux mots.
- Faites souvent des résumés et demandez aux élèves d'en faire aussi.
- Fournissez de l'aide individuelle à l'enfant.

Facilitez la gestion du temps :

- Donnez un surcroît de temps à l'enfant lorsqu'il doit répondre aux questions posées en classe ou dans un examen.
- Faites des pauses fréquentes.
- Mettez les tâches les plus exigeantes à l'horaire de l'avant-midi (une stratégie bénéfique pour la plupart des élèves).
- Incitez l'enfant à se munir d'un carnet de devoirs et d'un agenda. Assurez-vous qu'il les utilise !

Enseignez à l'enfant des stratégies de compensation :

- Encouragez-le à solliciter tous ses sens et, par exemple, à dire, écrire et visualiser les notions à l'étude. La technique qui consiste à « écrire » les notions dans les airs facilite la tâche de certains enfants.

- Permettez à l'enfant de subvocaliser au besoin.
- Enseignez des moyens mnémotechniques à l'enfant.
- Enseignez à l'enfant l'utilisation de « grilles visuelles » auxquelles il pourra raccrocher l'information. Par exemple, on place du côté gauche de la grille les points en faveur des libéraux et du côté droit les points en faveur des conservateurs. L'enfant n'a qu'à se rappeler le côté où se trouvait l'information pour la relier au parti politique approprié. L'enfant peut tracer les grilles sur des feuilles de papier puis s'y référer mentalement pour repérer l'information.
- Enseignez à l'enfant à morceler l'information pour en faciliter la mémorisation. Ainsi, pour mémoriser six événements isolés dans l'histoire du Québec, on peut les diviser en deux catégories : ceux qui se sont produits avant la Conquête et ceux qui sont arrivés après. Pour mémoriser les chiffres 243564875, on peut former trois groupes de trois : 243 564 875.
- Enseignez à l'enfant à utiliser un vérificateur d'orthographe.
- On peut aider certains enfants en enregistrant les leçons. Mais, honnêtement, qui a le temps de réécouter les explications d'une journée entière ?

Faites des aménagements dans la classe :

- L'audiologiste peut suggérer l'utilisation d'un système MF (modulation de fréquence). Ce dispositif est utile pour les enfants qui ont de la difficulté à distinguer le son principal des bruits de fond, à intégrer les notions ou à organiser l'information. Il s'agit fondamentalement d'une radio en circuit fermé. L'enseignant porte un microphone et l'élève, des écouteurs. Le système amplifie la voix de l'enseignant et permet à l'élève de la différencier des bruits de fond. Cependant, certains élèves refusent d'utiliser un dispositif qui les différencie des autres.
- Améliorez l'acoustique de la classe au moyen d'objets qui absorbent les sons, comme les draperies, la moquette, les tableaux et les babillards. Placez des balles de tennis sous les pattes des chaises pour atténuer le bruit.
- Aménagez la classe de manière à ce que les élèves puissent travailler individuellement et en petits groupes.
- Évitez les classes à aires ouvertes.

Chapitre 14

Les médicaments[1]

Martin L. Kutscher

Donner des psychotropes à des enfants? Mais dans quel monde vivons-nous!

Avant d'entrer dans le vif du sujet, nous devons répondre à une question fondamentale : est-il acceptable sur le plan éthique de donner des médicaments psychotropes à des enfants ?

Procédons tout d'abord à un bref sondage afin de préciser la catégorie d'enfants dont il est question. Levez la main si vous êtes d'accord avec les énoncés suivants :

1. Un enfant qui n'a pas de problème ➤ ne se fait pas prescrire de médicament. (Je suppose que tout le monde lève la main. En tout cas, je lève la mienne.)
2. Un enfant qui a un problème dont on peut venir à bout sans médicament ➤ ne se fait pas prescrire de médicament. (Je suppose que tout le monde lève la main de nouveau.) Et maintenant, la grande question :
3. Un enfant qui a un problème d'origine neurobiologique et qui demeure malheureux en dépit d'interventions comportementales ➤ se fait prescrire un médicament par un médecin qui cherche un moyen de l'aider. (J'espère que, compte tenu de ces nuances, tout le monde lève encore la main.)

1. Avertissement : L'information contenue dans le présent chapitre ne prétend pas à l'exhaustivité et ne constitue pas un avis médical. Elle ne doit pas se substituer à une discussion entre un patient et son médecin. Comme la plupart des connaissances, celles qui portent sur la santé mentale et la médication sont susceptibles d'évoluer avec le temps. De plus, les indications de certains des médicaments décrits ici n'ont pas encore reçu l'approbation de Santé Canada. On peut obtenir les dernières mises à jour de la liste des médicaments approuvés dans le site Internet www.hc-sc.gc.ca.

Lorsque des adultes décident de me consulter pour leur enfant, ce n'est presque jamais la première démarche qu'ils accomplissent. Ils ont déjà encouragé, négocié, menacé, prié et fait comme si le problème allait bientôt disparaître. Tant mieux si ces interventions ont été couronnées de succès ! Mais si elles n'ont pas réussi à préserver l'estime de soi de l'enfant, j'invoque un principe simple : Si ça marche, continuez, sinon, faites autre chose. Et parfois, cette autre chose est la médication.

Les bienfaits de la médication

Jadis, on confondait l'épilepsie, la migraine (avec ses bizarres prodromes visuels suivis de douleurs atroces), les troubles psychiatriques et la sorcellerie. Dieu merci, la conception moyenâgeuse de l'épilepsie et de la migraine n'a pas survécu à l'évolution des connaissances. Qui croit encore que les personnes atteintes d'épilepsie sont possédées du démon ou dérangées ? On sait à présent que l'épilepsie est reliée à la biochimie du cerveau. On ne dit plus à ces gens de « se reprendre en main ». Il est devenu parfaitement acceptable de prendre des anticonvulsivants pour empêcher les crises convulsives ou de l'insuline pour maîtriser le diabète quand le régime alimentaire ne suffit pas.

Malheureusement, bon nombre de gens ont encore face aux troubles psychiatriques une attitude en retard de quelques siècles. L'imagerie par résonance magnétique, la tomographie par émission de positrons, les études sur les enfants adoptés et une foule d'autres techniques ont démontré qu'une grande partie des maladies psychiatriques avaient une origine biochimique. Quand les interventions comportementales et environnementales ne donnent rien, on passe aux interventions biochimiques. Autrement dit, on traite un problème biochimique avec des moyens biochimiques.

Les personnes atteintes du trouble du déficit de l'attention/hyperactivité (TDA/H), du trouble obsessionnel-compulsif (TOC), du trouble bipolaire ou du syndrome de Gilles de la Tourette n'ont pas cherché ces problèmes. On ne peut pas leur reprocher leur manque de volonté.

Et si on découvrait un jour que ces médicaments sont nuisibles ?

Personne ne peut garantir que, dans 50 ans, on ne découvrira pas un effet secondaire inconnu aujourd'hui. Un grand nombre des médicaments dont je parle ici sont utilisés depuis longtemps et ont largement fait leurs preuves pour ce qui est de l'innocuité. Les stimulants, par exemple, sont prescrits depuis maintenant 40 ans. D'autres médicaments sont d'usage plus récent en pédiatrie. Chaque fois que possible, nous choisissons le médicament le plus sûr, celui qui a le meilleur historique. Nous faisons pour le mieux. Il y a de toute façon toujours des risques dans la vie.

Pour certains enfants, le risque est plutôt associé au fait de *ne pas* prendre de médicament. D'énormes difficultés les attendent si on ne les remet pas en selle: problèmes de rendement scolaire, toxicomanie, désespoir. Ces risques ont déjà commencé à se matérialiser pour beaucoup de ces enfants au moment où on envisage un traitement médicamenteux.

Bref, on ne peut parler des risques possibles de la médication sans les opposer aux risques possibles de l'absence de médication. Dans certains cas, le risque connu et immédiat du problème actuel est pire que le risque inconnu et potentiel rattaché à la médication.

Ces médicaments entraînent-ils la toxicomanie?

Beaucoup de gens craignent que la prise de médicaments psychotropes entraîne plus tard la toxicomanie. En réalité, tous les résultats de recherche laissent plutôt envisager la situation contraire. De multiples études ont démontré que la prise de stimulants pour traiter le TDA/H réduit de plus de 50 % le risque de toxicomanie future (Wilens *et al.*, 2003). Autrement dit, la prise de stimulants *protège fortement* contre la toxicomanie. Il n'existe pas encore d'études sur les raisons de ce phénomène, mais on pense que les gens capables de réussir dans la société ont moins besoin de chercher le plaisir et l'évasion dans les drogues ou l'alcool. On peut au contraire se poser la question suivante: «Comment pourrions-nous écarter un traitement médicamenteux sachant que nous doublons par le fait même les risques de toxicomanie?»

Comment l'enfant apprendra-t-il à se débrouiller dans la vie s'il se fie aux médicaments?

Je le répète: on passe au traitement médicamenteux quand les tentatives pour amener l'enfant à «se débrouiller» tout seul ont échoué ou encore pour augmenter les chances de succès de telles tentatives. Les médicaments donnent à l'enfant les outils essentiels dont il a besoin pour répondre aux approches comportementales. Une fois qu'on a donné à un enfant une durée d'attention acceptable, par exemple, on peut lui demander de bien se conduire en classe.

« Ne sommes-nous pas trop mous envers l'enfant ? » Non ! Il a déjà la vie dure. Et même s'il prend des médicaments, sa vie restera plus difficile que celle d'un enfant qui se situe dans la norme. Au moment où on lui fera une ordonnance, il aura déjà essuyé plus que son lot d'épreuves. Les médicaments ne sont pas parfaits. Les difficultés demeureront, mais le combat sera seulement plus juste et plus tolérable. Les occasions de se forger le caractère ne manqueront pas.

Les attitudes à l'égard des médicaments

Si certains médicaments, tels Ritalin et Prozac, ont fait souvent la manchette, il ne faut pas confondre « célèbre » et « tristement célèbre ». Ce n'est pas parce qu'un médicament est célèbre qu'il est mauvais. Il faut se rappeler que les médicaments ne se retrouvent en couverture des magazines que s'ils sont largement utilisés. Et s'ils sont largement utilisés, c'est qu'ils sont efficaces et relativement sûrs. En résumé, si vous avez entendu parler d'un médicament, cela ne signifie pas nécessairement qu'il s'agit d'un mauvais médicament.

Qui prend la décision ?

En dernière analyse, la décision de recourir à un médicament revient à la famille, à l'enfant et au médecin. Pour obtenir de l'information, les médecins s'alimentent à une multitude de sources, dont l'école. Les enseignants et les autres professionnels de l'éducation sont les yeux et les oreilles des médecins. Il n'en reste pas moins que les décisions se prennent entre la famille et le médecin.

Les médecins se fient également aux témoins privilégiés de la vie de l'enfant pour se renseigner sur l'efficacité des médicaments de même que sur leurs éventuels effets secondaires.

Les différences entre les pays

Le choix des médicaments et leur fréquence d'utilisation varient selon les pays. Le phénomène est sans doute attribuable à des variations des critères diagnostiques, des attitudes à l'égard de la médication et des attentes sociales plus qu'à des variations de la prévalence des troubles.

Les appellations commerciales et les indications mentionnées dans le présent ouvrage sont celles qui ont cours au Canada. Notez que l'usage pédiatrique de certains des médicaments cités n'a pas encore reçu l'approbation officielle de Santé Canada.

L'information donnée ici ne peut se substituer à une consultation individuelle avec un médecin habilité.

Le traitement médicamenteux du TDA/H

Les stimulants : aperçu

Les médicaments communément appelés *stimulants* sont ceux qui possèdent la plus longue et, sans doute, la meilleure feuille de route pour le traitement du TDA/H. Ils entraînent une augmentation de la concentration des neurotransmetteurs appelés dopamine et noradrénaline. Ainsi « réveillés », les lobes frontaux du cerveau sont plus aptes à accomplir les fonctions exécutives et notamment à inhiber les distractions et l'impulsivité.

Vous vous rappelez l'analogie de la bicyclette que j'ai employée au chapitre 3 ? Je comparais l'enfant atteint du TDA/H à une bicyclette dépourvue de freins. Le stimulant remplit pour lui le rôle de garniture de frein. Les stimulants *n*'ont *pas* le même effet que les sédatifs. Prescrire des sédatifs à cet enfant reviendrait à enduire les engrenages de goudron : l'enfant serait trop fatigué pour embêter qui que ce soit. Les stimulants ont l'effet opposé : ils rendent la bicyclette plus performante.

L'effet « calmant » des stimulants sur l'enfant et l'adulte n'a rien de paradoxal. La personne « reste tranquille » parce qu'elle a à présent une vigilance appropriée et non parce qu'elle est sous sédation. L'effet des stimulants est semblable à celui du café chez les adultes.

Les préparations de méthylphénidate à action brève

Ritalin a pour ingrédient actif une substance stimulante appelée méthylphénidate. Son effet ne dure que de deux à cinq heures. Les prises doivent par conséquent être répétées fréquemment, d'où les visites de l'enfant au bureau de l'infirmière à l'heure du dîner. Le comprimé pris à midi n'a plus d'effet en fin d'après-midi, si bien que l'heure des devoirs devient une épreuve. L'effet rebond de

Ritalin, une période de comportement irrationnel et désagréable associée à la diminution rapide de la concentration du médicament, se produit surtout avec les préparations à action brève.

Les préparations de méthylphénidate à action prolongée

Les préparations de méthylphénidate à action prolongée remplacent graduellement les préparations à action brève. Prises le matin, elles libèrent le médicament tout au long de la journée. L'enfant n'a donc plus à se présenter au bureau de l'infirmière à l'heure du dîner. L'effet de certaines préparations se prolonge même jusqu'en fin de journée, permettant ainsi à l'enfant de faire ses devoirs calmement. Il semble enfin que l'effet rebond de ces préparations soit moins prononcé.

Concerta a été la première bonne préparation de méthylphénidate à action prolongée à faire son apparition sur le marché. Il équivaut approximativement à trois doses de méthylphénidate et a une durée d'action de 10 heures et plus. La première dose est contenue dans le revêtement de la capsule et est libérée au cours de la première heure suivant l'administration. La capsule contient une éponge qui absorbe le liquide du tube digestif. En se gonflant, l'éponge expulse lentement deux doses distinctes de l'autre extrémité de la capsule. Concerta est conçu de manière à libérer une concentration accrue de l'agent actif en fin de journée.

Biphentin est un médicament du même type qui vient d'apparaître sur le marché canadien.

Les préparations de dexamphétamine

Dexedrine est le nom commercial des préparations de dexamphétamine. Ce médicament est présenté sous forme de comprimés (dont l'effet dure 4 heures) et de capsules Spansule (dont l'effet dure 10 heures).

Les préparations mixtes de sels d'amphétamine

Adderall est présenté sous forme de comprimés (dont l'effet dure 4 heures) et de capsules Spansule (dont l'effet dure 10 heures) ; il s'agit dans ce cas de **Adderall Xr.** Ce médicament est devenu un choix courant pour le traitement du TDA/H. Adderall est un mélange de plusieurs types de dextro- et de levo-amphétamine. Les capsules peuvent être ouvertes et le contenu peut être saupoudré sur de la compote aux pommes. Il existe également un médicament générique pour Adderall. Selon la notice révisée contenue dans l'emballage de Adderall Xr, « des morts subites reliées à un traitement aux amphétamines à des doses thérapeutiques ont été rapportées chez des enfants présentant des anomalies cardiaques structurelles. Adderall Xr ne devrait généralement pas être utilisé par des adultes ou des enfants présentant des anomalies cardiaques structurelles » (ajout à la notice, 2005). Consultez le site Web de Santé Canada au www.hc-sc.gc.ca pour vous tenir au courant des mises à jour.

Quel stimulant utiliser ?

Au moment où j'écris ces lignes, il n'existe ni données ni consensus qui nous indique le meilleur stimulant à prescrire. La plupart des experts conviendraient cependant que :

- les préparations à action prolongée sont préférables aux préparations à action brève ;
- si une classe de stimulants ne produit pas les résultats escomptés ou entraîne des effets secondaires, il faut envisager de faire l'essai d'une autre préparation ;
- si une préparation à action prolongée ne produit pas des effets suffisamment prolongés, on peut lui ajouter une préparation à action brève à la fin de l'après-midi ;
- la médication rend service à la plupart des enfants à l'heure des devoirs et, si elle est également utile pendant le week-end, on peut la leur administrer durant cette période également.

Les effets secondaires possibles des stimulants

Compte tenu de leur efficacité, les stimulants sont généralement assez bien tolérés. La plupart des enfants ne « ressentent rien de spécial » après les avoir pris. Les plus observateurs remarquent qu'ils travaillent avec davantage d'efficacité et que, pour une raison quelconque, ils ont moins de monde sur le dos. Cependant, ils n'éprouvent aucune sensation particulière, tout comme les gens ne sentent rien d'inhabituel quand ils portent leurs lunettes. La normalité ne produit pas de sensation.

Les stimulants ont néanmoins des effets secondaires possibles:

- La perte d'appétit (au dîner en particulier) est l'effet secondaire le plus répandu, mais ne se manifeste tout de même que chez une faible proportion des enfants (4 % environ, selon la notice contenue dans l'emballage de Concerta).
- L'insomnie, l'autre effet secondaire le plus fréquent, ne touche encore qu'une faible proportion d'enfants (4 % environ, selon la notice contenue dans l'emballage de Concerta) et a tendance à s'atténuer avec le temps.
- Les maux de tête.
- Les stimulants peuvent entraîner une aggravation ou une atténuation des tics. Ils peuvent aussi n'avoir aucune influence sur eux.
- Les stimulants inhibent peut-être la croissance. Certains pensent que les légères différences de taille observées entre les enfants atteints du TDA/H et les autres sont attribuables au TDA/H lui-même et non aux médicaments employés pour le traiter.
- De nombreuses études démontrent que les stimulants n'accroissent pas le risque de toxicomanie s'ils sont pris conformément à l'ordonnance. De fait, ils diminuent plutôt ce risque (Wilens *et al.*, 2003).
- Les stimulants peuvent provoquer des épisodes maniaques chez les personnes qui y sont déjà prédisposées ou, peut-être, aggraver d'autres comportements.
- Il est extrêmement improbable que les stimulants causent des troubles systémiques et aient par exemple des effets indésirables sur le cœur, le foie et la moelle osseuse. Discutez avec votre médecin des récentes mises en garde émises relativement aux risques pour la santé cardiaque associés à la prise de tout stimulant.

Les médicaments non stimulants pour le traitement du TDA/H

Strattera (nom commercial de l'atomoxétine) a été mis en marché en 2002. Contrairement aux stimulants, Strattera n'a un effet direct que sur la noradrénaline. Autrement dit, il n'a aucun effet dopaminergique direct. Il semble donc comporter moins de risques d'aggravation des tics, de l'anxiété et des troubles de l'humeur (ou de l'insomnie chez l'enfant). Il peut quand même entraîner une diminution de l'appétit et, contrairement aux stimulants, causer une sédation au début. Les effets complets peuvent n'apparaître qu'au bout de plusieurs semaines. Discutez avec votre médecin des récentes mises en garde émises relativement aux risques possibles de troubles hépatiques ou cardiaques, d'automutilation et de manie. Consultez le site Web de Santé Canada (*www.hc-sc.gc.ca*).

Catapres (clonidine) est un agoniste alpha2-adrénergiques qui favorise le fonctionnement des lobes frontaux. Il semble surtout efficace contre l'impulsivité (par opposition à l'inattention). On le prescrit également pour le traitement des tics et, par conséquent, dans les cas où le syndrome de la Tourette coexiste avec le TDA/H. Pour atténuer l'effet sédatif de la clonidine, on recommande de l'administrer en doses réduites mais fréquentes ou sous forme de timbre transdermique. La clonidine est aussi utilisée comme antihypertenseur, mais elle entraîne rarement d'effets cardiovasculaires importants chez l'enfant. On peut demander à l'infirmière de l'école de mesurer à l'occasion la pression artérielle de l'enfant.

Parmi les **autres médicaments** utilisés pour traiter le TDA/H, on compte Wellbutrin (bupropion) et les antidépresseurs tricycliques (*voir ci-après*).

Le traitement médicamenteux de la dépression

À l'heure actuelle, les chercheurs attribuent la dépression d'origine biochimique à une insuffisance de la sécrétion de sérotonine et de noradrénaline par le tronc cérébral. Le traitement pharmacologique vise par conséquent à augmenter les concentrations de ces neurotransmetteurs dans le cortex cérébral. Les antidépresseurs les plus fréquemment utilisés sont les inhibiteurs sélectifs du recaptage de la sérotonine (ISRS).

Au moment où j'écris ces lignes, il semble exister un lien entre tous les antidépresseurs, les ISRS y compris, et une intensification des pensées suicidaires, et ce, même si ces substances sont utilisées pour traiter un trouble autre que la dépression, l'anxiété notamment. On présume que le risque culmine au début du traitement ainsi que lors des augmentations et des diminutions des concentrations. Les recherches futures nous en diront plus sur le sujet. En attendant, on doit observer attentivement tous les enfants, qu'ils prennent ou non des antidépresseurs, afin de s'assurer qu'ils n'ont aucune pensée suicidaire. Consultez le site Web de Santé Canada au www.hc-sc.gc.ca pour vous tenir au courant des mises à jour.

Les ISRS

Les ISRS entraînent une augmentation sélective des concentrations cérébrales de sérotonine en empêchant son retrait des synapses. Plus de sérotonine = moins de dépression. Avant l'arrivée des ISRS, il existait d'autres médicaments qui provoquaient une augmentation de la concentration de sérotonine. Or, ces substances n'étaient pas sélectives, c'est-à-dire qu'elles entraînaient aussi une augmentation de la concentration d'autres neurotransmetteurs. Elles avaient par le fait même des effets secondaires indésirables que n'entraînent pas les ISRS grâce à leur sélectivité.

En dépit de leur grande innocuité, les ISRS causent certains effets secondaires désagréables. Les plus fréquents sont :

- un gain pondéral ;
- de la sédation ou de l'insomnie ;
- un dysfonctionnement sexuel, surtout chez les adolescents (diminution de la libido) ;
- une désinhibition (l'enfant devient plus actif ou plus agité) ;
- des épisodes maniaques chez les personnes qui y sont prédisposées.

L'effet des ISRS se fait sentir au bout de quatre à six semaines, contrairement à celui des stimulants, qui est immédiat.

- **Prozac** (fluoxétine). Il a été démontré que Prozac soulage la dépression chez les deux tiers environ des enfants. C'est actuellement le seul antidépresseur dont Santé Canada ai approuvé l'usage pédiatrique. Le médecin peut néanmoins en prescrire un autre, comme :
- **Luvox** (fluvoxamine).

- **Zoloft** (sertraline).
- **Paxil** (paroxétine).
- **Celexa** (citalopram).
- **Cipralex** (escitalopram).

Les autres antidépresseurs

- **Wellbutrin** (bupropion) semble efficace contre la dépression et le TDA/H chez l'enfant.
- **Effexor** (venlafaxine) n'est pas recommandé pour usage pédiatrique à l'heure actuelle.
- **Elavil** (amitriptyline) et les autres antidépresseurs tricycliques traditionnels sont inefficaces pour le traitement de la dépression chez les enfants et les adolescents.

Le traitement médicamenteux de l'anxiété

À l'heure actuelle, il semble exister une relation entre la prise d'antidépresseurs et l'émergence de pensées suicidaires (*voir la section précédente*). La mise en garde doit s'étendre à la prise d'antidépresseurs pour le traitement de troubles autres que la dépression, dont l'anxiété et le TOC.

Les ISRS

Le traitement de l'anxiété repose en grande partie sur les ISRS. Ces substances entraînent en effet une amélioration de modérée à importante de l'état chez 80 % des enfants atteints d'un trouble anxieux.

Les autres médicaments

Les antidépresseurs tricycliques

Les antidépresseurs tricycliques sont très efficaces contre les crises de panique et un grand nombre d'entre eux combattent l'anxiété en général. Leur nom vient de leur structure chimique, composée de trois anneaux.

Tandis que les ISRS entraînent une augmentation de la concentration de sérotonine seulement, les antidépresseurs tricycliques font augmenter les concentrations de sérotonine et de noradrénaline, de même qu'ils agissent sur les récepteurs histaminiques et cholinergiques.

Les effets secondaires les plus répandus des antidépresseurs tricycliques sont :

- une sédation (souvent problématique) ;
- une sensation ébrieuse ;
- une sécheresse de la bouche ;
- une constipation ;
- une rétention urinaire ;
- rarement, des effets sur le cœur qui ont entraîné une diminution de leur utilisation et qui peuvent nécessiter un suivi (électrocardiogrammes).

Les antidépresseurs tricycliques les plus couramment prescrits en ce moment sont :

- **Aventyl** (nortriptyline) ;
- **Tofranil** (imipramine) ;
- **Elavil** (amitriptyline).

Les anxiolytiques de la famille des benzodiazépines

Les benzodiazépines entraînent une augmentation de la concentration de l'acide gamma-aminobutyrique (GABA). Elles ont peu d'effets systémiques d'importance, mais elles causent une sédation et une habituation, c'est-à-dire que la personne a besoin de doses de plus en plus élevées pour ressentir les mêmes effets. Elles entraînent également un risque de dépendance. On les prescrit préférablement pour une courte période, en attendant que les autres médicaments fassent effet. La cessation des benzodiazépines, comme celle de nombreux autres psychotropes, est généralement progressive. Les benzodiazépines les plus couramment prescrites sont :

- **Valium** (diazépam) ;
- **Rivotril** (clonazépam) ;

- **Ativan** (lorazépam) ;
- **Xanax** (alprazolam), dont la durée d'efficacité est particulièrement courte et qui entraîne fréquemment une anxiété de rebond.

Buspar (buspirone)

Buspar est efficace contre l'anxiété, mais pas contre les crises de panique. Il entraîne peu d'effets secondaires d'importance. Enfin, il est prescrit moins souvent que les ISRS.

Le traitement médicamenteux du TOC

Les ISRS sont les principaux médicaments utilisés dans le traitement du TOC. Au Canada, Prozac est approuvé pour cet usage chez l'enfant. Quelques études laissent penser que d'autres ISRS sont efficaces également. Il semble que, globalement, les ISRS entraînent une réduction de 40 % des symptômes (Freeman *et al.*, 2004). Reportez-vous à la section consacrée à la dépression (*page 189*) pour plus d'information sur les ISRS.

Le traitement médicamenteux du trouble bipolaire

Les médicaments qui servent à traiter l'instabilité de l'humeur sont appelés « stabilisateurs de l'humeur ». Plusieurs de ces substances ont été largement utilisées pour le traitement d'autres troubles pédiatriques, mais leur efficacité contre le trouble bipolaire chez l'enfant n'est encore que très partiellement démontrée.

Les anticonvulsivants

On utilise fréquemment les anticonvulsivants à des fins de régulation de l'humeur. Ils sont bien tolérés en général, mais il faut parfois procéder à des analyses sanguines pendant le traitement afin de mesurer la concentration sanguine du médicament, d'obtenir un hémogramme et de vérifier la fonction hépatique. Leurs principaux effets secondaires sont :

- une sédation ;
- un gain pondéral (avec **Epival** surtout) ;

- de rares effets sur la moelle osseuse et le foie (moindres avec **Trileptal**) ;
- des réactions allergiques parfois prononcées touchant la peau, les yeux ou la bouche.

Les anticonvulsivants les plus fréquemment prescrits pour le traitement du trouble bipolaire sont :

- **Trileptal** (oxcarbazépine) ;
- **Tégrétol** (carbamazépine) ;
- **Epival** (divalproex de sodium) ;
- **Lamictal** (lamotrigine).

Le lithium

Le **lithium** ne semble pas particulièrement efficace chez les enfants, qui alternent rapidement entre les épisodes maniaques et les épisodes dépressifs.

Les médicaments antipsychotiques

Les médicaments antipsychotiques sont efficaces contre le trouble bipolaire, et en particulier contre les symptômes psychotiques et agressifs. Les médicaments antipsychotiques les plus fréquemment prescrits pour le traitement du trouble bipolaire sont :

- **Risperdal** (rispéridone) ;
- **Seroquel** (quétiapine) ;
- **Zyprexa** (olanzépine) ;
- **Halopéridol** (autrefois vendu sous la marque Haldol) ;
- **Orap** (pimozide), utilisé peu fréquemment en raison de ses interactions avec d'autres médicaments et de ses effets sur le cœur.

Risperdal et Zyprexa sont des antipsychotiques qualifiés d'atypiques parce que leurs effets secondaires diffèrent quelque peu de ceux des antipsychotiques plus anciens comme l'halopéridol et Orap. Les antipsychotiques sont néanmoins des médicaments puissants qui peuvent entraîner d'importants effets secondaires, comme :

- un gain pondéral ;
- une sédation ;
- des effets sur le cœur, plutôt bénins en général ;
- un trouble rare de la motricité appelé dyskinésie tardive (très rarement causé chez les enfants par les antipsychotiques atypiques) ;
- une maladie rare du métabolisme appelée syndrome neuroleptique malin, caractérisé par une forte fièvre, une destruction musculaire et une désorientation ;
- des perturbations du métabolisme, celui du sucre notamment ;
- des perturbations de l'hormone appelée prolactine.

Le traitement médicamenteux des tics

Pour traiter les tics, on commence souvent par prescrire Catapres (clonidine) (*voir la page 189*). Les antipsychotiques sont cependant plus efficaces, encore qu'ils comportent davantage de risques potentiels.

Annexe I

Liste de vérification du comportement

Nom de l'enfant : ______________________________

Date : ______________________________

Votre nom : ______________________________

Matière (si vous êtes enseignant) : ______________________________

Évaluez la gravité de chacun des problèmes décrits et ajoutez des commentaires dans les marges au besoin.

0 = aucun problème	2 = problème modéré
1 = léger problème	3 = problème important

L'enfant :	**0**	**1**	**2**	**3**
• se laisse distraire facilement	☐	☐	☐	☐
• n'exécute une tâche que s'il bénéficie d'une attention individuelle	☐	☐	☐	☐
• est impulsif (a du mal à attendre son tour, se précipite pour répondre aux questions)	☐	☐	☐	☐
• est hyperactif (est agité, ne reste pas en place)	☐	☐	☐	☐
• est désorganisé	☐	☐	☐	☐
• ne note pas ses devoirs	☐	☐	☐	☐
• est désordonné (son sac à dos est un fouillis)	☐	☐	☐	☐
• n'a pas la notion du temps	☐	☐	☐	☐
• a des réactions excessives	☐	☐	☐	☐
• est facilement déboussolé	☐	☐	☐	☐
• se met facilement en colère	☐	☐	☐	☐
• a de la difficulté à passer d'une activité à l'autre	☐	☐	☐	☐
• écrit mal	☐	☐	☐	☐
• semble éprouver des difficultés à exécuter certaines tâches scolaires (préciser)	☐	☐	☐	☐
• est anxieux, tendu, stressé ou soucieux	☐	☐	☐	☐

	0 1 2 3
• a des pensées ou des peurs obsessionnelles ou observe des rituels	□□□□
• semble *délibérément* malveillant, cruel ou exaspérant	□□□□
• manifeste une irritation pouvant durer pendant des heures ou des jours d'affilée (par opposition à des colères brèves et fréquentes)	□□□□
• est déprimé, « vide », triste ou malheureux	□□□□
• a des sautes d'humeur marquées	□□□□
• a des tics (vocalisations ou mouvements répétitifs)	□□□□
• n'établit pas de contact visuel	□□□□
• ne capte pas les signaux sociaux	□□□□
• a des interactions et des centres d'intérêt limités	□□□□
• est exagérément sensible aux sons, au toucher, aux textures, aux mouvements ou aux saveurs	□□□□
• a des difficultés de coordination	□□□□
• Autres (préciser) : ______________________	□□□□

Répondez aux questions suivantes si l'enfant prend des médicaments :

- Est-il possible de distinguer les moments où l'enfant prend ses médicaments des moments où il ne les prend pas ?

  ____

  ____

- Le médicament a-t-il un effet constant tout au long de la journée ?

  ____

  ____

- La dose semble-t-elle insuffisante ou excessive ?

  ____

  ____

- Autres commentaires :

  ____

  ____

  ____

  ____

Annexe 2

Test rapide sur les fonctions exécutives

Lisez le scénario suivant, puis répondez aux questions.

> Martin est un élève intelligent susceptible de faire des études postsecondaires. Il est atteint du trouble du déficit de l'attention/hyperactivité (TDA/H). En ce moment, il est en deuxième secondaire.
>
> Un jour, Martin ne note pas dans son carnet de devoirs le compte rendu que son enseignant lui demande de rédiger. Il oublie de faire le travail. Le jour prévu pour la remise, l'enseignant lui dit qu'il ne perdra pas de points s'il remet le compte rendu le lendemain.
>
> Martin note le travail sur un bout de papier. Déterminé à écrire son compte rendu, il remercie l'enseignant, sort de la classe et met le bout de papier dans son sac à dos. À la maison, sa mère s'informe des devoirs qu'il a à faire, mais Martin ne mentionne pas le compte rendu. Il ne remet pas son texte. L'enseignant lui attribue une note de zéro, en espérant lui donner une bonne leçon.

1. Martin se fait du tort à lui-même avec ce comportement.
   a) Vrai
   b) Faux

2. Il y a des raisons logiques au fait que les gens choisissent de « se tirer dans le pied ».
   a) Vrai
   b) Faux

3. Ce comportement est peut-être dû à un trouble des fonctions exécutives.
   a) Vrai
   b) Faux

4. Le TDA/H s'accompagne souvent de difficultés d'organisation.
   a) Vrai
   b) Faux

5. Martin arrive chez lui, trouve la note, mais ne parle pas du compte rendu à sa mère. La meilleure explication de ce comportement est que :
   a) Martin est paresseux, mais il parvient à trouver assez d'énergie pour saboter délibérément son avenir.
   b) Martin veut duper sa mère, même si son enseignant lui a accordé un sursis.
   c) La prévoyance de Martin se limite aux quatre prochaines secondes. Et l'option la plus séduisante consiste à ignorer le problème pour les quatre prochaines secondes.

6. L'enseignant a fait preuve d'une compréhension et d'une pédagogie hors du commun.
   a) Vrai
   b) Faux

7. L'objectif de l'attribution d'un zéro à un élève est de :
   a) le faire grincer des dents ;
   b) modifier son comportement la prochaine fois.

8. Pour les personnes atteintes du TDA/H, il n'y a pas de prochaine fois.
   a) Vrai
   b) Faux

9. L'attribution d'un zéro est susceptible de modifier le comportement futur d'un élève atteint du TDA/H.
   a) Vrai
   b) Faux

10. Si une stratégie ne mène à rien, il faut :
   a) la répéter sans cesse en espérant que les résultats seront au rendez-vous la 53e fois ;
   b) tenter autre chose.

11. Si Martin n'agit pas comme les autres, c'est parce que :
   a) il est *incapable* d'agir toujours comme les autres ;
   b) il aime se faire engueuler.

12. Si un enfant est atteint d'un trouble des fonctions exécutives, il est productif de lui laisser le soin de s'organiser et de planifier son avenir.
   a) Vrai
   b) Faux

13. Une communication directe entre l'enseignant et les parents ou l'éducateur spécialisé constituerait une intervention plus judicieuse.

a) Vrai
b) Faux

14. La plupart des enfants ne devraient pas avoir besoin d'un soutien continu. C'est « bizarre » que Martin, lui, en ait besoin. Voilà pourquoi on lui a diagnostiqué un trouble neuropsychiatrique.

a) Vrai
b) Faux

15. Tout cela est clair dans le contexte de ce test. La prochaine fois que je rencontrerai une situation semblable, je vais…

Les réponses devraient être évidentes.

Annexe 3

Références et ressources

De l'information neurocomportementale générale

DUMAS, J.-E. 2002. *Psychopathologie de l'enfant et de l'adolescent,* Bruxelles, De Boeck Université.

Cet ouvrage présente un recensement détaillé et critique des connaissances scientifiques actuelles en ce qui a trait aux troubles psychopathologiques de l'enfance et de l'adolescence. Ce recensement est fait sur la base de la CIM-10 et du DSM-IV. L'ouvrage s'adresse aux étudiants en psychologie, mais peut également intéresser les médecins et autres professionnels.

Le trouble du déficit de l'attention/hyperactivité (TDA/H)

BARKLEY, R.A.1995. *Les dix principes directeurs dans l'éducation des enfants atteints du TDA/H,* adapté de « Ten Guiding Principles for Raising a Child with ADHD », dans *Taking Charge of ADHD – The Complete Authoritative Guide for Parents,* New York, Éditions Guilford Press. Voir l'adresse Internet suivante :

deficitattention.info/barkley.html

Ce site Internet présente des principes simples et succincts pour intervenir auprès d'enfants atteints du TDA/H.

BIOULAC, S., M. BOUVARD et M.-C. SAIAG. 2007. *Comment aider mon enfant hyperactif?,* Paris, Odile Jacob.

Les auteurs ont été les premiers à implanter le programme du professeur Barkley en France ; ce programme s'impose aujourd'hui pour traiter les enfants hyperactifs, parfois en complément de la médication. Il permet aux parents de mieux comprendre le fonctionnement de leur enfant et d'adopter des attitudes adéquates. L'ouvrage explique notamment ce qui déclenche l'hyperactivité et offre des stratégies pour aider l'enfant à se comporter de manière plus adaptée.

CAUSSE, C. 2006. *Vivre avec un enfant hyperactif: Le guide indispensable aux parents et aux enseignants confrontés à l'hyperactivité,* Monaco, Alpen Éditions.

Cet ouvrage permet de bien distinguer un enfant actif d'un enfant hyperactif. Il fournit des renseignements utiles pour reconnaître l'hyperactivité, y faire face au quotidien et intervenir de façon appropriée. Il aide à trouver des moyens pour améliorer les comportements et les relations sociales de l'enfant, et aussi son estime de soi.

COMPERNOLLE, T. 2004. *Du calme! Manuel pour l'éducation des enfants hyperactifs*, Bruxelles, De Boeck Éducation, collection «Comprendre».

Cet ouvrage contient des idées et des conseils pratiques sur l'éducation quotidienne des enfants hyperactifs. Il suggère notamment des interventions pour favoriser l'apprentissage, et récompenser et punir de façon adéquate. Il traite également de la médication et des troubles souvent associés au TDA/H, notamment l'autisme.

SAUVÉ, C. 2007. *Apprivoiser l'hyperactivité et le déficit de l'attention,* Montréal, Les Éditions du CHU Sainte-Justine.

Cet ouvrage propose plusieurs moyens d'action pour aider l'enfant atteint du TDA/H à s'épanouir dans sa famille, à l'école et dans son milieu de vie. Des renseignements et des conseils d'intervention sont donnés pour les tranches d'âge 3-5 ans, 6-12 ans et pour les adolescents. L'ouvrage traite également de la coexistence du TDA/H avec d'autres troubles et du lien d'attachement parent-enfant dans le cadre de la problématique du TDA/H.

Les troubles d'apprentissage

BÉLIVEAU, M.-C. 2007. *Dyslexie et autres maux d'école: Quand et comment intervenir,* Montréal, Éditions du CHU Sainte-Justine.

Cet ouvrage s'adresse aux parents d'enfants atteints de troubles d'apprentissage et aux intervenants. Il propose une approche simple, basée sur les styles cognitifs de l'enfant. Il suggère des interventions adaptées à mettre en place à la maison et à l'école pour que l'enfant puisse exploiter son plein potentiel et contourner ses difficultés sur le plan scolaire.

DESTREMPES-MARQUEZ, D. et L. LAFLEUR. 1999. *Les troubles d'apprentissage: comprendre et intervenir,* Montréal, Éditions du CHU Sainte-Justine.

Cet ouvrage s'adresse aux parents d'enfants atteints de troubles d'apprentissage. Il apporte des explications pertinentes sur ces troubles et propose des moyens concrets et réalistes d'aider l'enfant.

DUMONT, A. 2005. *Réponses à vos questions sur la dyslexie,* Paris, Éditions Pocket.

Cet ouvrage pratique et complet permet de mieux comprendre les mécanismes de la dyslexie et les interventions pertinentes. On y propose

118 réponses à 118 questions telles que «Comment déceler la dyslexie?», «Que faire quand on est parent d'un enfant dyslexique, non seulement pour lui-même, mais aussi pour soi?». Une liste d'associations et de sites Internet utiles est fournie à la fin de l'ouvrage.

Le syndrome d'Asperger

ATWOOD, T. 2008. *Le Syndrome d'Asperger: Guide complet,* Bruxelles, De Boeck Université.

Cet ouvrage constitue une synthèse de travaux de recherche issus d'expériences cliniques. Il s'adresse à toutes les personnes qui ont à interagir avec une personne atteinte du syndrome d'Asperger (parents, enseignants, spécialistes, etc.). Il traite des particularités du syndrome et des difficultés vécues au quotidien par les personnes qui en sont atteintes. Des conseils pratiques pour remédier à ces difficultés sont donnés.

HOLLIDAY, L. 2008. *Vivre avec le syndrome d'Asperger: un handicap invisible au quotidien,* Montréal, Chenelière Éducation.

Cette autobiographie raconte la vie d'une femme atteinte du syndrome d'Asperger qui a rencontré maintes difficultés depuis l'école primaire jusqu'à son insertion dans la société. Cette femme a réussi à surmonter son handicap; son histoire peut contribuer à faire tomber les préjugés.

Les troubles anxieux

BARON, C. 2001. *Les troubles anxieux expliqués aux parents,* Montréal, Éditions du CHU Sainte-Justine.

L'ouvrage traite des troubles anxieux que peuvent présenter les enfants (anxiété de séparation, anxiété généralisée, trouble panique, agoraphobie, trouble obsessionnel-compulsif, trouble de stress aigu ou post-traumatique, etc.). Il explique les causes de ces troubles et les stratégies d'intervention efficaces.

TURGEON, L. et P.L. GENDREAU. 2007. *Les troubles anxieux chez les enfants,* Marseille, Solal.

Cet ouvrage porte sur l'épidémiologie et la neurobiologie des troubles anxieux, les outils d'évaluation de l'anxiété, et les études d'efficacité des traitements psychologiques et pharmacologiques des troubles anxieux. De l'information récente sur le trouble obsessionnel-compulsif, l'état de stress post-traumatique et la phobie sociale est également donnée (les connaissances sur ces troubles anxieux sont moins développées).

Le trouble d'intégration sensorielle

DEBAY, A. et M. DUBOCHET. 1994. *Ces enfants maladroits: l'approche d'intégration sensorielle en ergothérapie,* Lausanne, producteur: École d'études sociales et pédagogiques de Lausanne, CEMCAV du Centre hospitalier universitaire vaudois (vidéo).

Cette vidéo permet de sensibiliser les parents et les intervenants aux difficultés qu'éprouvent à la maison et à l'école certains enfants atteints du syndrome d'Asperger. Il fait la démonstration d'une méthode de traitement qui permet à plusieurs enfants de mieux fonctionner et de se développer plus harmonieusement.

Le syndrome de Gilles de la Tourette

ASSOCIATION FRANÇAISE DU SYNDROME GILLES DE LA TOURETTE. Voir l'adresse Internet suivante:

www.france-tourette.org

Ce site contient plusieurs renseignements sur le syndrome de Gilles de la Tourette tels que les manifestations du syndrome, le diagnostic, le traitement, etc. Il renvoie également à plusieurs autres sites pertinents.

LE SYNDROME DE GILLES DE LA TOURETTE À L'ENFANCE: UN GUIDE POUR LE PROFESSIONNEL EN MILIEU SCOLAIRE. Voir l'adresse Internet suivante:

www.aqps.qc.ca/public/publications/bulletin/10/10-03-13.htm

Ce site contient un court guide écrit par une étudiante au doctorat en psychologie de l'Université du Québec à Montréal. Ce guide est facile à comprendre et résume l'essentiel concernant le syndrome de Gilles de la Tourette.

MARLEAU, B. 2007. *Les tics d'Emrick,* Terrebonne, Éditions Boomerang.

Ce livre s'adresse aux enfants; les parents et les éducateurs peuvent l'utiliser pour sensibiliser à la différence de l'enfant atteint du syndrome de Gilles de la Tourette.

MARNEUR, C. et J.-F. JOUNION. 2006. *Le syndrome de Gilles de la Tourette,* Paris, Les Éditions du Dauphin.

Cet ouvrage explique en quoi consiste le syndrome de Gilles de la Tourette. Ce syndrome, appelé à tort *maladie des tics compulsifs,* est encore peu connu. L'ouvrage expose ce qui est actuellement fait pour soulager l'intensité des tics moteurs ou vocaux et pour déterminer les causes encore inconnues du syndrome.

La dépression bipolaire

HANTOUCHE, E. et B. HOUYVET. 2007. *Cyclothymie: Troubles bipolaires des enfants et adolescents au quotidien,* Paris, Éditions J. Lyon.

Cet ouvrage donne des réponses aux questions que peuvent se poser les parents et les enseignants qui interagissent avec un enfant atteint du trouble bipolaire. Il propose également des solutions thérapeutiques et pédagogiques, dont la prise en charge médicale à la suite d'un diagnostic approprié.

Le trouble oppositionnel avec provocation

CLOUTIER, G. 2007. «Impact du programme PEDAP sur l'accroissement du bonheur des membres de la famille», dans *Revue québécoise de psychologie,* n° 1, p. 103-122.

Cet article présente les objectifs, les principes et les étapes du programme de formation pour les parents d'enfants défiant l'autorité parentale (PEDAP). Ce programme est une adaptation québécoise de la méthode *Defiant children* de Russell Barkley (1987, 1997). Il vise à aider les parents d'un enfant présentant un trouble oppositionnel avec provocation. Des résultats préliminaires indiquent un accroissement significatif du bonheur subjectif des parents ayant participé à ce programme.

Le trouble du traitement auditif

ASSOCIATION QUÉBÉCOISE DES TROUBLES D'APPRENTISSAGE. Voir l'adresse Internet suivante:

www.aqeta.qc.ca/francais/generale/auditif.htm

Ce site contient de l'information sur plusieurs troubles d'apprentissage, dont le trouble du traitement auditif. Une page résume bien les manifestations du trouble ainsi que les interventions possibles.

MINISTÈRE DE L'ÉDUCATION DU NOUVEAU-BRUNSWICK. Voir l'adresse Internet suivante:

www.gnb.ca/0000/publications/servped/audition.pdf

Ce site propose une trousse d'intervention en classe très complète et très pertinente pour enseigner de façon adaptée aux enfants atteints du trouble du traitement auditif.

Bibliographie

AMERICAN PSYCHIATRIC ASSOCIATION (APA). 1994. *Manuel diagnostic et statistique des troubles mentaux* (4e édition), Washington (DC), American Psychiatric Association.

BARKLEY, R.A. 1998. *Attention-Deficit Hyperactivity Disorder: A Handbook for Diagnosis and Treatment* (2e édition), New York, The Guilford Press.

BARKLEY, R. 2000. *Taking Care of ADHD,* New York, The Guilford Press.

BARKLEY, R., M. FISHER, C. EDELBROCK et L. SMALLISH. 1990. « The adolescent outcome of hyperactive children diagnosed by research criteria: An 8-year prospective follow-up study », dans *Journal of the American Academy of Child and Adolescent Psychiatry,* volume 29, p. 546-557.

BERNSTEIN, G. et A. LAYNE. 2004. « Separation anxiety disorder and generalized anxiety disorder », dans J. Wiener et M. Dulcan (dir.), *Textbook of Child and Adolescent Psychiatry* (3e édition), Arlington (Virginie), American Psychiatric Publishing, p. 557-575.

CHARTE DES DROITS ET LIBERTÉS DE LA PERSONNE DU QUÉBEC. [En ligne], www2.publicationsduquebec.gouv.qc.ca/dynamicSearch/telecharge.php?type=2&file=/C_12/C12.HTM.

COVEY, S.R. 1989. *The Seven Habits of Highly Effective People: Restoring the Character Ethic,* New York, Simon & Schuster.

EDUSCOL. [En ligne], eduscol.education.fr/D0102/liste-mots-frequents.htm.

FEINSTEIN, C. et I. PHILLIPS. 2004. « Developmental disorders of learning, motor skills, and communication », dans J. Wiener et M. Dulcan (dir.), *Textbook of Child and Adolescent Psychiatry* (3e édition), Arlington (Virginie), American Psychiatric Publishing, p. 351-378.

FLORIDA DEPARTMENT OF EDUCATION. 2001. « Auditory Processing Disorders », dans *Technical Assistance Paper,* FY 2001-9. [En ligne], www.fldoe.org/ese/pdf/y2001-9.pdf.

FREEMAN, J.B., A.M. GARCIA, S.E. SWEDO et autres. 2004. « Obsessive-Compulsive Disorder », dans J. Wiener and M. Dulcan (dir.), *Textbook of Child and Adolescent Psychiatry* (3e édition), Arlington (Virginie), American Psychiatric Publishing, p. 575-588.

GARNETT, K. 1998. « Math Learning Disabilities ». [En ligne], www.ldonline.org.

GRAY, C. et A.L. WHITE (dir.). 2002. *My Social Stories Book,* Londres, Jessica Kingsley Publishers.

GREENE, R.W. 1999. *The Explosive Child: A New Approach for Understanding and Parenting Easily Frustrated, Chronically Inflexible Children,* Londres, HarperCollins.

JENSEN, P.S., S.P. HINSHAW, J.M. SWANSON, J.M. et autres. 2001. « Findings forn the NIMH Multimodal Treatment Study of ADHD (MTA) ; implications and applications for primary care providers », dans *Journal of Developmental and Behavioral Pediatrics,* volume 22, n° 1, p. 60-73.

KING, R. et J. LECKMAN. 2004. « The disorders », dans J. Wiener et M. Dulcan (dir.), *Textbook of Child and Adolescent Psychiatry* (3e édition), Arlington (Virginie), American Psychiatric Publishing, p. 709-715.

KRANOWITZ, C.S. 1998. *The Out-of-Sync Child: Recognizing and Coping with Sensory Integration Dysfunction,* New York, Skylight Press.

KUPPERMAN, P., S. BLIGH et K. BAROUSKI. *Hyperlexia.* [En ligne], www.hyperlexia.org/hyperlexia.html.

KUTSCHER, M.L. [En ligne], www.pediatricneurology.com.

OLFSON, M., M.J. GANEROFF, S.C. MARCUS et autres. 2003. « National trends in the treatment of attention deficit hyperactivity disorder », dans *American Journal of Psychiatry,* volume 160, n° 6, p. 1071-1077.

OSMAN, B.B. 1997. *Learning Disabilities and ADHD. A Family Guide to Living and Learning Together,* New York, Wiley.

PACKER, L. 2005. [En ligne], www.tourettesyndrome.net.

PHELAN, T.W. 1994. *Surviving Your Adolescents: How to Manage and Let Go of Your 13-18 Year Olds,* Glen Ellyn (Illinois), Child Management Press.

RATEY, J.J. et C. JOHNSON. 1998. *Shadow Syndromes: The Mild Forms of Mental Disorder That Sabotage Us,* New York, Bantam Books.

RÉSEAU CANADIEN EN ALPHABÉTISATION ET EN COMPÉTENCES ESSENTIELLES. [En ligne], www.bdaa.ca/biblio/recherche/statisti/cover.htm.

SANTÉ CANADA. *Liste des médicaments approuvés.* [En ligne], www.hc-sc.gc.ca.

SCHATSCHNEIDER, C. et J.K. TORGESEN. 2004. « Using our current understanding of dyslexia to support early identification and intervention », dans *Journal of Child Neurology,* volume 19, p. 759-765.

SCHMINKY, M. et J. BARAN. 1999. « CAPD : an overview of assessment and management practices », dans *Deaf-Blind Perspectives* (automne).

SHALEV, R. 2004. « Developmental dyscalculia », dans *Journal of Child Neurology,* volume 19, n° 10, p. 765-771.

SHORE, K. 2002. *Special Kids Problem Solver : Ready-to-Use Interventions for Helping All Students with Academic, Behavioral, and Physical Problems,* San Francisco, Jossey-Bass.

STATISTIQUE CANADA. 1997. *Revue trimestrielle de l'éducation,* volume 4, n° 2.

SZYMANSKI, L.S. et L.C. Kaplan. 2004. « Mental Retardation », dans J. Weiner et M. Dulcan (dir.), *Textbook of Child and Adolescent Psychiatry* (3e édition), Arlington (Virginie), American Psychiatric Publishing, p. 221-261.

THOMPSON, S. 1996. « Non verbal learning disabilities ». [En ligne], www.nldnontheweb.org/thompson-1.htm.

TORGESEN, J. 2004. « Avoiding the devastating downward spiral : The evidence that early intervention prevents reading failure », dans *American Educator* (automne), p. 6-9.

TROUBLES D'APPRENTISSAGE – ASSOCIATION CANADIENNE. [En ligne], www.ldac-taac.ca/index-f.asp.

TYNAN, W.D. 2003. « Oppositional defiant disorder ». [En ligne], www.emedicine.com.

WASLICK, B. et L. GREENHILL. 2004. « Attention deficit/hyperactivity disorder », dans J. Wiener et M. Dulcan (dir.), *Textbook of Child and Adolescent Psychiatry* (3e édition), Arlington (Virginie), American Psychiatric Publishing.

WATTENBERG, R. 2004. « Waiting rarely works : "Late bloomers" usually just wilt », dans *American Educator* (automne), p. 10-11.

WELLER, E., R. WELLER et A. DANIELYAN. 2004. « Mood disorders in prepubertal children », dans J. Wiener et M. Dulcan (dir.), *Textbook of Child and Adolescent Psychiatry* (3e édition), Arlington (Virginie), American Psychiatric Publishing, p. 411-435.

WIENER, J.M. et M.K. DULCAN (dir.). 2004. *Textbook of Child and Adolescent Psychiatry* (3e édition), Arlington (Virginie), American Psychiatric Publishing.

WILENS, T.E., S.V. FARACNE, J. BIEDERMAN et autres. 2003. « Does stimulant therapy of attention deficit/hyperactivity disorder beget substance abuse ? A meta-analytic review of the literature », dans *Pediatrics,* volume 111, n° 11, p. 179-185.

WILLEY, L.H. 2008. *Vivre avec le syndrome d'Asperger : un handicap invisible au quotidien,* Montréal, Chenelière Éducation.

ZEIGLER DENDY, C. 1995. *Teenagers with ADD: A Parents' Guide,* Bethesda (Maryland), Woodbine House.

À propos des auteurs

Martin L. Kutscher, M.D., est spécialisé en neurologie pédiatrique. Il a obtenu son baccalauréat à l'Université Columbia et son doctorat en médecine au Columbia University's College of Physicians and Surgeons. Il a fait son internat et sa résidence en pédiatrie au Temple University's St. Christopher's Hospital for Children, puis sa résidence en neurologie et son postdoctorat en neurologie pédiatrique au Albert Einstein College of Medicine. Il est actuellement membre du Département de pédiatrie et de neurologie du New York Medical College à Valhalla, dans l'État de New York. Le Dr Kutscher est sociétaire des Pediatric Neurological Associates à White Plains, dans l'État de New York, où il travaille depuis 17 ans auprès des enfants ayant des besoins particuliers. Il est l'auteur de l'ouvrage intitulé *ADHD Book: Living Right Now!* (Neurology Press, 2003) et du site Web www.PediatricNeurology.com.

Tony Attwood, Ph. D., est reconnu comme une autorité mondiale en matière de syndrome d'Asperger. Il a obtenu un baccalauréat spécialisé en psychologie de l'Université de Hull, une maîtrise en psychologie clinique de l'Université de Surrey et un doctorat de l'Université de London. Il est l'auteur d'un ouvrage essentiel intitulé *Asperger's Syndrome: A Guide for Parents and Professionals* (Jessica Kingsley Publishers, 1998). Il a publié des articles et donné des conférences un peu partout dans le monde.

Robert R. Wolff, M.D., est spécialisé en neurologie pédiatrique. Il a reçu son baccalauréat de l'Université Princeton et son doctorat en médecine de la Boston University School of Medicine. Il a fait son internat et sa résidence en pédiatrie au Yale-New Haven Hospital, puis sa résidence en neurologie et son postdoctorat en neurologie pédiatrique au Columbia University's Neurological Institute. En ce moment, il est membre du Département de pédiatrie et de neurologie du New York Medical College à Valhalla, dans l'État de New York. Le Dr Wolff a été sociétaire des Pediatric Neurological Associates à White Plains, dans l'État de New York, pendant 25 ans.

Joelle Glick est étudiante en propédeutique médicale à l'Université Cornell. Elle a obtenu un baccalauréat en sciences avec majeure en biologie.

Index des sujets

T

Index des auteurs

Pour enrichir vos pratiques pédagogiques, découvrez d'autres titres de la collection Chenelière Didactique.

Intervention béhaviorale auprès des jeunes enfants autistes

Sous la direction de Catherine Maurice

296 pages • ISBN 978-2-7650-0999-3

Le moment idéal et la façon de poser un diagnostic et de dépister le trouble chez un enfant sont des sujets controversés dans le domaine du traitement de l'autisme. Salutaire à plus d'un titre, cet ouvrage arrive à point nommé dans un marché francophone peu outillé en ressources pour les intervenants et les parents. Il présente des stratégies d'intervention comportementale auprès des enfants en bas âge et aborde des sujets qui préoccupent tous les parents d'enfants autistes.

Cet ouvrage aidera les intervenants et les parents à prendre des décisions éclairées sur une foule d'aspects dont la façon d'évaluer les recommandations sur les traitements, l'intervention précoce et les autres formes d'intervention puis le choix d'un programme d'enseignement et les programmes existants.

Le syndrome d'Asperger et la sexualité

De la puberté à l'âge adulte

Isabelle Hénault

176 pages • ISBN 978-2-7650-0935-1

Cet ouvrage aborde de façon réaliste et rassurante une foule de sujets liés à la vie affective et sexuelle des personnes atteintes du syndrome d'Asperger. L'auteure, qui est sexologue et psychologue, explore toutes les dimensions de la vie sexuelle, de la puberté à la dynamique du couple, telles que peuvent les vivre les personnes Asperger.

Les psychologues et éducateurs trouveront un profil sexuel détaillé des adultes Asperger. De plus, un programme d'éducation sociosexuelle propose des outils et des activités d'intervention étalés sur 12 ateliers et autant de thèmes.

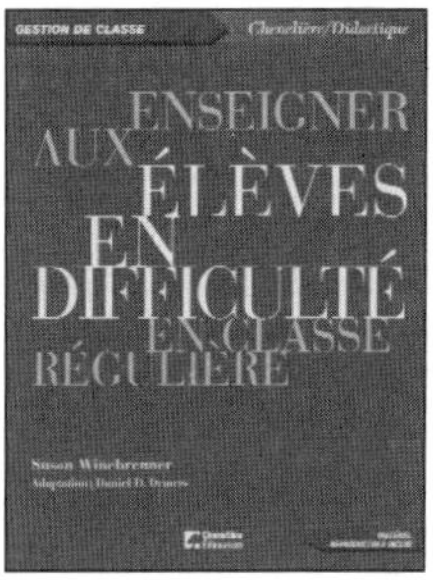

Enseigner aux élèves en difficulté en classe régulière

Susan Winebrenner (Adaptation : Daniel D. Demers)

Primaire et secondaire • 280 pages • ISBN 978-2-7650-1004-3

Enseigner aux élèves en difficulté en classe régulière présente des outils pour accompagner les élèves dans tous les aspects de la vie scolaire : les apprentissages liés aux différentes matières, le comportement en classe, les devoirs et leçons à la maison, l'évaluation et la collaboration avec les parents.

L'ouvrage comporte plus d'une cinquantaine de fiches reproductibles composées d'aide-mémoire, d'outils de réflexion et de petits exercices pour les élèves. Il sert de base à tous les enseignants qui doivent composer quotidiennement avec des classes hétérogènes dans lesquelles se retrouvent, notamment, des élèves en difficultés d'apprentissage.

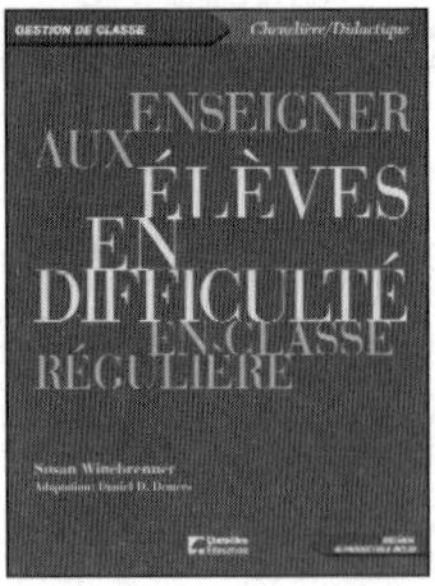

Enseigner aux élèves en difficulté en classe régulière

Susan Winebrenner (Adaptation : Daniel D. Demers)

Primaire et secondaire • 280 pages • ISBN 978-2-7650-1004-3

Enseigner aux élèves en difficulté en classe régulière présente des outils pour accompagner les élèves dans tous les aspects de la vie scolaire : les apprentissages liés aux différentes matières, le comportement en classe, les devoirs et leçons à la maison, l'évaluation et la collaboration avec les parents.

L'ouvrage comporte plus d'une cinquantaine de fiches reproductibles composées d'aide-mémoire, d'outils de réflexion et de petits exercices pour les élèves. Il sert de base à tous les enseignants qui doivent composer quotidiennement avec des classes hétérogènes dans lesquelles se retrouvent, notamment, des élèves en difficultés d'apprentissage.

Aider son enfant à gérer l'impulsivité et l'attention

Alain Caron

Primaire (4 à 9 ans) • 116 pages • ISBN 978-2-7650-0976-4

Conçu à l'intention des parents d'enfants âgés de quatre à neuf ans aux prises avec un trouble déficitaire de l'attention et de l'autocontrôle, avec ou sans hyperactivité (TDA/H), cet ouvrage propose une mine d'outils et d'activités concrètes pour aider son enfant à gérer l'impulsivité et l'attention.

Au cœur de cette démarche créative se trouvent Attentix, un garçon en quête du trésor de l'Attention, et ses nombreux amis. Pratique et simple à utiliser, cette démarche novatrice stimulera l'imagination de l'enfant et l'aidera à devenir plus attentif et moins impulsif.

L'ouvrage est accompagné d'un cédérom qui comprend les outils nécessaires à l'application des stratégies proposées.

Il n'était pas comme les autres

Récit didactique sur les comportements d'opposition

Camil Sanfaçon

Primaire • 164 pages • ISBN 978-2-7651-0435-3

Cet ouvrage est le récit d'une relation, celle de Jonathan, un élève de 6e année aux prises avec des difficultés, et de son enseignant, le narrateur. Ce dernier nous livre ses réflexions sur sa profession, sur son rôle auprès des élèves manifestant des comportements d'opposition, et particulièrement auprès de Jonathan, dont le profil se retrouve dans toutes les écoles.

Ce livre a été écrit pour présenter de façon réaliste le comportement d'élèves en difficulté et les situations qui en découlent. Son auteur propose des pistes de solutions et offre aux enseignants du primaire un témoignage avec lequel ils pourront comparer leurs propres expériences.

Découvrez tous les titres disponibles dans la collection Chenelière Didactique en consultant notre site Internet ou en commandant notre catalogue.

CHENELIÈRE ÉDUCATION

7001, boul. Saint-Laurent, Montréal (Québec) Canada H2S 3E3
Tél. : 514 273-1066 • Téléc. : 514 276-0324 ou 1 800 814-0324 • Service à la clientèle : 514 273-8055 ou 1 800 565-5531
www.cheneliere.ca • info@cheneliere.ca